Traumbild Wüste

Wählt der Traum die Wüste als Ort seiner Handlung, dann macht er damit die Unermeßlichkeit unseres inneren Lebens erfahrbar. Das kann faszinieren oder ängstigen. Im Detail kann der Traum uns mitteilen, daß unsere augenblickliche Situation eine große Herausforderung darstellt, in der wir kaum mit der Hilfe anderer Menschen rechnen können. Oder er veranschaulicht, daß trotz (oder wegen?) des äußeren Erfolges oder Einsatzes unser ganzes inneres Leben verdorrt und verwüstet ist. In jedem Fall handelt es sich um eine unerbittliche Konfrontation mit sich selbst.

Dabei kann einem aber auch eine wunderschöne Frau Papst begegnen oder ein alter, weiser Mann, der einem vor dem Verirren in der Wüste bewahrt. Erstaunlich ist auch, daß ein schwerkranker Mann in der Wüste von einer sehr sanften, liebevollen Schlange überrascht wird, die ihn den bevorstehenden Tod ahnen läßt, und später tatsächlich einen sanften Tod im Schlaf findet.

Die Autorin führt uns all diese Traumerlebnisse plastisch vor Augen und hilft, unsere Wüstenträume zu verstehen.

Träume als Wegweiser

Herausgegeben von
Helmut Hark, Verena Kast, Ingrid Riedel

Verena Kast

Traumbild
Wüste

*Von Grenzerfahrungen
unseres Lebens*

Walter-Verlag
Olten und Freiburg im Breisgau

3. Auflage 1992

Alle Rechte vorbehalten
© Walter-Verlag AG, Olten 1986
Gesamtherstellung in den grafischen Betrieben
des Walter-Verlags
Printed in Switzerland

ISBN 3-530-42120-0

Inhalt

Vorwort
7

Die Wüste
11

Grenzerfahrung: Fülle und Leere
17

Ausgesetztsein und kosmische Geborgenheit
27

Der Ort der Vergänglichkeit
37

Die Bedrohung durch Illusionen und der
Aufruf zur Neuorientierung
46

Abgrenzung gegen das Grenzenlose
56

Das Verwüstete, Vertane
60

Das erstarrte Leben
66

Wüste im Alltag
69

Bedrohung durch Tiere
75

Die abschiedliche und zugleich bezogene Existenz
82

Abschließende Bemerkungen
88

Literatur
91

Vorwort

Unsere Träume gehören zu uns Menschen wie unsere Gedanken, Absichten, Gefühle usw. Sie sind ein wichtiger Aspekt unserer alltäglichen Wirklichkeit; bedenken wir nur einmal, wie sehr ein «guter» Traum uns beflügeln kann, uns mit Schwung in den Alltag hineingehen läßt, wie andererseits ein «schlechter» Traum uns beunruhigt, und wie wir diese Beunruhigung auch in den Tag hineinnehmen, der dann irgendwie grauer zu sein scheint, als er ist. Nun kann aber gerade ein solcher «schlechter» Traum von großer Wichtigkeit für uns sein: Er kann uns aufrütteln, uns dazu bringen, eine Lebenssituation einmal mit den Augen des Traumes anzusehen, einmal wirklich hinzusehen, was wir mit uns, mit dem Leben, mit anderen Menschen machen. Es gibt, so besehen, keine «schlechten» Träume, durchaus aber Träume, die uns aufstören, die uns alarmieren, die wir nicht vergessen können, die uns mit größter Dringlichkeit etwas sagen wollen, etwas, das wir mit unserem Tagesbewußtsein zu wenig oder zu wenig deutlich wahrgenommen haben. So können Träume wie Wegweiser sein, die uns zu verstehen geben, wo der Weg weiter geht, oder die uns auch bestätigen, daß wir auf dem richtigen Weg sind.

Wir Menschen sind meistens froh, wenn wir in diesem Leben, das oft so schwer zu bewältigen ist, «Wegweiser» finden. Die Träume, – diese «Wegweiser von innen» – haben den großen Vorteil, daß sie unserer eigenen Seele und unserer eigenen Wirklichkeit entspringen und uns nicht von außen angeboten werden. Bloß: Es ist oft so schwierig, diese Träume auch wirklich zu verstehen, ihre Sprache zu lesen. Um sie zu verstehen, müssen wir die Traumsprache erlernen, müssen wir lernen, uns in diese Bildersprache des Traumes einzufühlen, die Bilder in ihren vielen Facetten sich ausfalten zu lassen, sie in Zusammenhang mit unserem Alltagsleben zu bringen, sie mit den emotionellen Ereignissen unseres Alltagslebens zu verknüpfen. Besonders wichtig ist aber auch, daß wir uns von den Bildern unserer Träume betreffen lassen, sie zu uns sprechen lassen, daß wir uns Muße nehmen, diese Botschaft von innen an uns auch wirklich aufzunehmen.

Nun gibt es natürlich auch Hilfen, um die Symbole unserer Träume zu verstehen: Die Symbolsprache begegnet uns ja nicht nur in unseren Träumen, sie begegnet uns in den Märchen, in der Literatur, in der Kunst. Und immer wieder versuchen Menschen, diese Symbole zu verstehen, sie in Alltagssprache zu übersetzen. Ein Symbol, ein Bild für eine emotionelle Situation, ist immer vieldeutig, ist nie ganz erklärbar, und so sind auch Erklärungen des Symbols immer nur vorläufig, treffen nur bedingt das spezielle Bild, von dem ein Träumer geträumt hat. Deshalb scheint es uns sinnvoll, nicht einfach einen Bedeutungskatalog zu einzelnen Traummotiven aufzulisten, sondern zu zeigen, wie dieses Symbol im Zusammenhang mit der Lebenssituation des Träumers jeweils eine andere Perspektive aufleuchten lassen kann. Es ist die Absicht dieser Deutungsversuche, jeden Menschen, der träumt, dazu anzuleiten, wie er mit seinen Träumen umgehen könnte. Natürlich wird dabei das in dieser Reihe jeweils von den Autoren gewählte Motiv in seinen vielen Bedeutungen beleuchtet werden. Dabei wird deutlich, daß jeder Träumer zu seinen Traumbildern eigene Einfälle, Assoziationen hat, mit denen er diese Bilder mit seiner Lebensgeschichte und seinem alltäglichen Leben verknüpft, daß darüber hinaus aber viele dieser Bilder auch eine Bedeutung haben, die für alle Menschen etwa gleichermaßen gelten. Wir sprechen in diesem Zusammenhang von einer kollektiven Bedeutung.

So wird es bei diesen Interpretationen immer auch darum gehen, das, was dem Träumer zu einem Traum einfällt, in Beziehung zu bringen zu dem, was den Menschen schon immer zu diesen Symbolen eingefallen ist. So eröffnen sich einem Träumer auch oft neue Dimensionen der Sichtweise und des Erlebens.

Verschiedene Autoren aus der Jungschen Schule werden zu einem Symbol, das sie besonders beschäftigt, anhand von Trauminterpretationen Deutungsmöglichkeiten beschreiben. So soll im Laufe der Zeit zu wichtigen Traumsymbolen eine Art Nachschlagewerk entstehen, das der Vieldeutigkeit der Symbole einigermaßen gerecht wird und das vor allem auch anregt, sich selbst mit seinen Traumbildern zu beschäftigen, um herauszufinden, welche Wege denn die Träume im eigenen Leben weisen.

Die Wüste

Die Wüste ist ein Symbol, das gar nicht so oft in
Träumen vorkommt. Wenn sich aber Träume die
Wüste als Ort ihrer Handlung wählen, dann sind
das nach meiner Erfahrung immer sehr bedeutsa-
me Träume, Träume, die eine ganz besondere existentielle Situation anzeigen: Die Wüste ist ja –
zumindest für uns Europäer – ein eher ungewohn-
ter Lebensraum, mit dem wir auch viele Phanta-
sien verbinden. Wenn wir in die Wüste gehen oder
der Traum uns in die Wüste führt, verlassen wir
den Raum unseres gewohnten Lebens, unserer gewohnten Wahrnehmungen und Empfindungen –
und so können wir uns neu erfahren, Neues an uns
erfahren.
Wenn immer wir die gewohnten Räume unseres
Erlebens und Denkens verlassen, gelangen wir in
seelisch erneuernde Räume. Ein solcher Raum ist
die Wüste, und die Unermeßlichkeit der Wüste
kann auch die Unermeßlichkeit unseres inneren
Wesens erfahrbar machen. Das kann faszinieren
oder ängstigen. Denn die Wüste ist für uns faszinierend oder aber ängstigend oder beides zusammen; Ort der Herausforderung oder Ort der größ-

ten Bedrohung. Es ist im allgemeinen kein Ort, um sich auf längere Zeit niederzulassen; es ist eine Gegend, die man durchquert, in der man immer wieder aufbricht, auf der Suche nach dem Wasser, das ja fehlt und das dadurch der Wüste eben den Charakter der Wüste gibt: das Unkultivierte, Wilde, letztlich für den Menschen Lebensfeindliche. Sie zwingt aber den Menschen auch zu einer Lebensform, die ihm letztlich angemessen ist: In der Wüste wird fast jeder ein Nomade, und Nomaden sind wir doch eigentlich, wenn wir bedenken, daß wir immer wieder Abschied nehmen müssen, uns immer wieder auf neue Situationen des Lebens einlassen müssen, «abschiedlich» leben müssen.

Wählt unser Traum die Wüste als den Ort seiner Handlung, dann teilt er uns mit, daß der Raum, in dem sich unser Leben im Moment abspielt, ein ganz besonderer ist, ein Raum der großen Herausforderung: eine Situation, in der man mit dem Tod konfrontiert ist und das Leben neu gewinnen kann, ein Raum, in dem man seine Seele ausbreiten kann, sie sehen kann, ohne von anderen Menschen beeinflußt zu werden, aber auch ohne große Hilfe durch andere Menschen. Es ist aber auch ein Raum, in dem die eigene Leere zum Ausdruck kommen kann, eine Leere, die sich durch keine Ablenkung vertuschen läßt. Die Wüste ist ein Ort der unerbittlichen Konfrontation mit sich selbst, – und ob wir bei dieser Konfrontation dem Göttlichen in uns oder der großen Leere, dem Nichts begegnen, ob dieses Erleben des Nichts eine Durchgangssituation ist, aus dem die ganze Fülle des Seins aufleuchten kann, oder ob das Nichts sich leer und gähnend ausbreitet, ist ungewiß: vielleicht eine Frage der Gnade. So kennen wir denn etwa aus der Bibel die Wüste als den Ort der größten Gottesferne, der Verlassenheit, der Versuchung durch den Teufel, andererseits ist es aber auch der Ort, wo sich Gott besonders intensiv zeigen kann.

Die Wüste, diese Urlandschaft, vom Wind, von Hitze und Kälte geformt – also letztlich ganz unter der Herrschaft der Sonne stehend –, lehrt uns auch die Einfachheit und die Schönheit des Zerfalls. Hier wird Leben einfach, werden die Bedürfnisse des Menschen auf die elementaren Bedürfnisse beschränkt: Gegeben ist eine große Sonne und eine Erde, die langsam zu Sand zerfällt. Und diese Einfachheit kann auch in der Wüste und durch die Wüste als seelische Einfachheit im Menschen erlebt oder ersehnt werden. Alles Überflüssige ist unwesentlich: Das Leben, der Mensch reduziert sich auf das Wesentliche.

In dieser Urlandschaft können wir aber auch der Erde, dem Fels in all seinen Erosionsformen, begegnen, der Sand ist das Endprodukt dieses Prozesses, gleichzeitig aber auch die Möglichkeit eines Neuanfangs. Was für den einen unerträgliche Monotonie ist, ist für den, der genau hinsieht, Ausdruck unerschöpflicher Spielarten einer Fülle von verschiedensten Formen. Und selbst der wüsteste Sand ist, schaut man genau hin, vom Wind unendlich vielfältig und fein gezeichnet.

In der Wüste befindet man sich in einer großen Weite, die Geborgenheit suchen läßt. Vielleicht spendet sie ein Fels, eine Terebinthe – vielleicht aber können wir sie nur in uns selbst finden. Wir sind aber auch mit für Menschenmaß unermeßlichen Zeiträumen konfrontiert: Unser endliches Leben wird hier erfahrbar im Spiegel des Unendlichen. Und doch sind wir es, die diese unendlichen Zeiträume erahnbar und erfaßbar in einem Jetzt erleben und wahrnehmen, wir in unserer Endlichkeit.

Und so ist die Wüste nicht nur ein Ort der Lebensfeindlichkeit, der Verlassenheit, der Orientierungslosigkeit, der Leere, des Ausgesetztseins, sondern in ihrer Weite, in ihrem Verdichten von Zeiträumen, in ihrer Einfachheit stellt sie uns auch in ganz große, wesentliche Lebenszusammenhänge hinein. Die Wüste fordert heraus, wir können an dieser Herausforderung zerbrechen; sie kann in uns durch diese Herausforderung aber auch gerade die Überlebenskräfte steigern, uns den Sinn für das Wesentliche im Leben geben, für das Einfache. Jedes Erlebnis mit Wüste aber wird uns auch zeigen, wie wesentlich für uns der andere Mensch ist, der Begleiter, der uns hilft zu überleben.

In der Wüste werden wir immer auf der Suche nach dem Wasser sein, sei das Wasser nun ganz real oder symbolisch verstanden, als dem Wasser des Lebens, das uns vor dem Tod aber auch vor dem Umkommen in unseren seelischen Wüsten bewahrt.

Die Wüste als Lebensraum, auch als symbolischer Lebensraum, ist ein Raum der Herausforderung, die über-menschlich, die aber auch un-menschlich sein kann, eine existentielle Grunderfahrung, bei der Untergang und Neuanfang möglich sind.

Wählt der Traum die Wüste als Ort unseres Traumgeschehens, als unseren Aufenthaltsort im Traum, dann zeigt er unsere Lebenssituation als eine solche, in der eine Grenzerfahrung dieser Art notwendig ist, notwendig wird, oder aber er zeigt uns, daß wir eigentlich schon in der Wüste leben.

Anhand von Träumen, die den Träumer oder die Träumerin in die Wüste führen, möchte ich nun einige Aspekte spezieller bedenken, diese Träume aber auch in einen Zusammenhang mit der realen Lebenssituation der Träumenden stellen und zeigen, wie diese Träume mit dem persönlichen Entwicklungsprozeß des Träumers oder der Träumerin zusammenhängen. Ich halte es dabei so, daß ich nur die Ereignisse aus der Lebensgeschichte jeweils erwähne, die zum Verständnis mir unabdingbar nötig erscheinen.

Ich möchte an dieser Stelle allen sehr herzlich danken, die mir erlaubt haben, ihre Träume und Informationen aus ihrem Leben in diesem Buch zu verwenden.

Grenzerfahrung:
Fülle und Leere

Eine 30jährige Frau, die sich entschlossen hat, eine Psychotherapie zu machen, bringt in die zweite Analysestunde den folgenden Traum:

Ich bin am Rand einer Wüste. Vor mir ist eine Grenzbarriere, schön rot-weiß bemalt. Hinter mir ist bereits Wüste und vor mit ist nur Wüste. Jemand sagt mir, ich müsse noch einmal zurück in eine kleine Stadt. Ich gehe zu einer kleinen, orientalischen Stadt zurück, die auch schon in der Wüste liegt. Da ist ein großer Dom, riesig, mächtig, ich muß eine lange Treppe hinaufgehen. Oben steht – vor dem Dom – die Frau vom Papst, in lange, weiche Gewänder gehüllt (hellblau bis violett, verschiedene Schichten übereinander). Sie ist wunderschön, es verschlägt mir fast die Sprache. Ich überlege mir krampfhaft, wie ich mich nun benehmen muß, da ich doch nicht katholisch bin – und ich doch auch keinen Fehler machen will. Ich denke, daß ich auf jeden Fall niederknien werde, das ist mir auch ein Bedürfnis. Die Frau Papst scheint mir anzusehen, daß ich unsicher bin. Sie sagt mir, es brauche kein Zeremoniell, ich solle sie ansehen und dann wieder zur Barriere gehen. Ich gehe wirklich wieder. Die Barriere öffnet sich, ich weiß, daß ich nun für lange Zeit in die Wüste hinausgehen muß.

Den Kontakt mit unseren Träumen behalten wir am leichtesten, wenn wir uns – nach dem Erwachen – ganz ihren Bildern noch einmal überlassen und Gefühle, die wir mit dem Traum erleben, zulassen und zu fassen versuchen. Auch wenn wir Träume von anderen Menschen lesen, empfiehlt sich dieses Vorgehen: Der Traum eines anderen Menschen wird dann auch in etwa zu unserem Traum. Der Traum eines anderen Menschen spricht oft auch zu unserer Seele, drückt eine Lebenserfahrung, eine Sehnsucht aus, die ebenfalls die unsere sein kann, wenn natürlich auch in abgeschwächter Form.

Die Träumerin spricht davon, daß sie dieser Traum sehr beglückt habe, aber auch beunruhige. Sie habe das Gefühl, einen ganz bedeutsamen Traum geträumt zu haben, die Begegnung mit der Frau Papst sei ihr einerseits unsinnig, andererseits aber wunderbar vorgekommen. Auf meine Frage hin erinnerte sich sich, daß sie im Traum die Begegnung nur «wunderbar» empfunden hätte, fast wie eine Begegnung mit einer Göttin, daß ihr erst nach dem Aufwachen deutlich geworden sei, wie unsinnig es eigentlich sei, von einer Frau Papst zu träumen. Sie hätte allerdings nichts dagegen, wenn es auf der Welt auch eine Päpstin gäbe, eine heilige Mutter. Beunruhigt habe sie, daß der Traum ihr sehr deutlich mache, daß sie schon lange in der Wüste sei – und daß sie auch noch für längere Zeit in die Wüste hinausgehen müsse.

Zu Wüste fiel ihr ein, daß sie selbst einmal einen Ausflug in die Wüste gemacht hatte, einerseits sich von ihr angezogen gefühlt habe, sich andererseits aber sehr bedroht vorgekommen sei. Sie sei mit einer Reisegruppe dort gewesen und habe sich intensiv an die Gruppe gehalten, wie nie vorher und nachher auf dieser Reise. – Sie erwähnte dann weiter, die Wüste könne ein Bild sein für ihre Lebenssituation: Sie hatte die Therapie aufgesucht, weil sie sich so unlebendig fühlte: obwohl kreativ tätig, ohne Ideen, ohne Schwung. Zudem fühlte sie sich sehr einsam und sah sich nicht in der Lage, Beziehungen zu anderen Menschen aufzunehmen. Sie zweifelte am Sinn des Lebens: Das ganze Leben kam ihr so mühsam, so farblos, so sinnlos vor. Diese Assoziationen der Träumerin sind wesentlich. – Da dieser Traum zu Beginn der Therapie geträumt wurde, geben wir ihm einen zusätzlichen Stellenwert: Sogenannte Initialträume zeigen nicht selten die Lebenssituation des Träumers in einem Bild; in diesem Bild und in der Traumentwicklung ist oft der Weg der Therapie gewiesen, zumindest auf ihn hingewiesen.

Indem der Traum für die Lebenssituation der Träumerin das Bild der Wüste gewählt hat, drückt sich dort für mich nicht nur ihre «Leere», ihr Mangel an Inspiration und Sinnerlebnis aus, wie es ihre Einfälle nahelegen; er zeigt auch, wie ernst zu nehmen diese Situation ist, wie sehr diese Situation eine Grenzsituation ist, die entweder neues Leben oder den Tod bringen wird. Dies ist noch einmal ausgedrückt in der Grenzbarriere, die rot-weiß bemalt ist. Die Träumerin sagte dazu, daß Grenzbarrieren ja immer rot-weiß bemalt seien, sie habe sich aber doch gewundert, daß in der Wüste eine Grenzbarriere so frisch rot-weiß bemalt sei.

Diese Grenzbarriere hat zunächst natürlich die Funktion, die Träumerin zurückzuhalten, damit sie nicht unvorbereitet in die Wüste geht; in diesem ausgeprägten Rot-Weiß könnte aber auch der Gegensatz von Leben und Tod ausgedrückt sein. Obwohl die Träumerin sagt, daß hinter ihr und vor ihr die Wüste liegt, ist sie im Moment doch in der Nähe einer Stadt. Die Vorbereitung auf diesen nächsten Wüstengang besteht nicht darin, daß sie sich Wasser beschafft, ein Kamel vielleicht, Nahrungsmittel und wärmende Decken für die Nacht, sondern daß sie diesen Dom besucht und die Frau Papst ansieht.

Die orientalische Stadt muß in einer Oase liegen,

an jenem ersehnten Ort der Wüste, an dem sichtbar wird, daß mit nur ein wenig Wasser die Wüste fruchtbar zu machen ist, daß dann auch unmittelbar darauf sich hier Menschen versammeln, miteinander Leben gestalten. Es gibt nicht nur Wüstenerfahrung im Leben dieser Frau; es gibt auch die Erfahrung von Oase. Das Grün der Oase hebt sich sehr grün gegen die Wüste ab: Die Hoffnung auf Leben – die Gewißheit, daß der Wüste Leben abzuringen ist, ist in der Oase deutlich ausgedrückt. Insofern ist in diesem Traumteil auch ein Hoffnungselement verborgen. Diese Hoffnung steigert sich noch, wenn wir bedenken, worin nun die Vorbereitung auf den Wüstenaufenthalt besteht: in der Begegnung mit der Frau Papst.

Zu diesem Traumteil haben wir einige Einfälle der Träumerin bereits erhalten, dieser Traumteil war für sie hoch bedeutsam. Der Dom erinnerte sie an den Felsendom von Jerusalem, und zu ihm fiel ihr ein, daß er ihr als Mittelpunkt der Welt erschienen sei; als sie ihn das erste Mal gesehen habe, sei sie von diesem Kuppelbau sehr angetan gewesen; er habe so etwas Bergendes, Mütterliches. Sie habe sich in diesem Dom sehr geborgen gefühlt.

Die Einfälle zu diesem Dom führen uns zu der Idee, daß die Begegnung mit der Frau Papst an einem Ort stattfindet, der für sie Mittelpunkt, Zentrum ist, es dürfte sich hier um eine zentrale

Begegnung handeln, die zudem mit der Atmosphäre des Mütterlich-Bergenden verbunden ist. Zu den Gewändern der Frau Papst fiel ihr ein, daß ich, ihre Analytikerin, in ihrer ersten Analysestunde Kleider in diesen Farben getragen hatte. Die Begegnung mit dieser Frau Papst kann also auch etwas mit Übertragung zu tun haben; die Frau Papst, diese Frau, die für sie so wesentlich ist, die sie als «heilige Mutter» bezeichnet, von der sie sagt, sie sei ihr «fast wie eine Göttin» erschienen, entspricht einem Beziehungsbedürfnis in ihr: Sie möchte eine Beziehung zu einer Frau haben, die diese Qualitäten hat. Diese Beziehungssehnsucht ist eine erotisch-geistige Sehnsucht. Diese wunderbare Frau entspricht aber auch einem seelischen Wesenszug von ihr. In ihrer Seele gibt es diese Instanz. Wem immer wir begegnen in unseren Träumen, Tieren, Menschen, Göttern – es sind diese, denen wir begegnen, es sind aber immer auch Repräsentanten von Seiten unserer eigenen Persönlichkeit, in ihnen drücken sich Wesenszüge von uns selbst aus. Diese Wesenszüge können aber – wie hier ausgedrückt in dieser Frau Papst – auch weit über uns hinausgehen. Dann sprechen wir von Göttern. Im Kleid der Frau Papst, das die Träumerin mit der Farbe meiner Kleider zusammenbringt, drückt sich aus, daß durch unsere Begegnung in ihrer Psyche das Bild dieser Frau, dieser Göttin, die sie zudem an einen mütterlich bergenden Ort des Ursprungs hinbestellt, ausgelöst wurde. Eine kleine Gemeinsamkeit zwischen der Frau Papst und mir hat in ihrer Seele dieses Bild wohl entstehen lassen. Und zwar muß es – ihrem Einfall gemäß – das Erlebnis der Farben in den Tönen Hellblau bis Violett sein, über Blautöne, wie die Träumerin nachher präzisierte, eine Farbskala, die die Verbindung zum Himmlischen, zum Geistigen, zum Meditativen bis hin zur geistigschöpferischen Unruhe ausdrücken kann, die die Verbindung zwischen der Frau Papst und mir herstellt. Sehr oft werden wichtige eigene Züge zunächst an einem anderen Menschen gesehen, in der Therapie also an der Analytikerin oder am Analytiker, dort geliebt oder gehaßt. Im Laufe der Therapie – durch sorgfältige Deutung – wird deutlich, daß eigene Wesenszüge, auch eigene Erfahrungen mit Eltern, Geschwistern usw. auf den Therapeuten übertragen wurden.

Als Therapeutin fühlte ich mich natürlich nicht als Frau Papst, ich spürte aber, daß durch unsere Begegnung eine sehr wichtige Seite der Analysantin sich im Traum zeigte, eine Seite, die für sie sehr wesentlich war. Ich war bereit, die Gefühle, die dieser Frau Papst galten, auch in der therapeutischen Beziehung als Gefühle für mich anzuerkennen, ich war aber auch bereit, im richtigen Zeitpunkt auf die große Bedeutsamkeit, die ich dadurch bekam, zu verzichten und die Gefühle auf diese Gestalt als Ausdruck ihrer eigenen Seele zu lenken.

In dieser Begegnung mit der Frau Papst, zu der die Träumerin hinaufsteigen muß, zu der sie auch hinaufschauen muß, vor der sie auch das Bedürfnis hat, niederzuknien, wie man es nur vor etwas Heiligem hat, erfaßt die Träumerin eine Beziehung zu etwas Göttlichem, das Gefühl, von etwas Göttlichem wohl auch behütet zu sein. Die Dimension des Religiösen – jenseits der Konfessionen und ohne Zeremoniell, wie der Traum so humorvoll ausdrückt – wird ein wesentlicher Aspekt dieser Wüstendurchquerung sein, als das die therapeutische Arbeit angekündigt wird. – Daß eine erste Begegnung mit mir mitauslösend sein konnte für diesen Traum, zeigt aber auch, daß ich wahrscheinlich die richtige Begleiterin bin für diesen Aufenthalt in der Wüste.

Es ist besonders eindrücklich, wie diese Frau, deren Mutter bei ihrer Geburt gestorben war und die verschiedene Pflegemütter in ihrem Leben erlebte, zunächst das Bild einer «Heiligen Mutter», die sie als eine über alles erhabene, aber auch über alles stehende Mutter empfand, erleben mußte, bevor sie sich in die Wüste begab, wo das gute Mütterliche nicht unmittelbar erlebbar ist.

Dieses Bild war denn auch in der Folge sehr wichtig: Die Träumerin erlebte sich sehr in der Wüste: orientierungslos, ausgesetzt, sie fühlte ihre Bedeutungslosigkeit. Und immer, wenn sie ihre «Gottferne» spürte, was für sie eine Metapher für das gar nicht glückenwollende Leben war, das an sich auch beendet werden könnte, fiel ihr wieder die Gestalt der Frau Papst ein, die im Traum gesehen, an-gesehen werden wollte, die sie also unbedingt zur Kenntnis nehmen mußte.

Wüste bedeutete für sie aber auch, sich so zu sehen und akzeptieren zu lernen, wie sie ist, nicht wie sie sein wollte und wie sie sich jahrelang Mühe gab, zu sein. Jahrelang hatte sie versucht, kontaktfreudig zu erscheinen, und hatte damit ihr Gefühl einer grauenvollen Einsamkeit überspielt. In diesem Gang durch die Wüste lernte sie diese Einsamkeit sehen, zu ertragen und nach und nach zu spüren, daß sie in einem sehr viel grösseren Lebenszusammenhang aufgehoben war. Das Traumerlebnis von der Frau Papst wurde immer mehr auch zu einer Lebensstimmung, die sie im Alltag immer wieder erfahren konnte, natürlich auch immer wieder verlor. Diese Gestalt, die doch recht bewußtseinsfern ihr ein Gefühl von Sinnhaftigkeit vermittelte in diesem Traum, eine Sinnhaftigkeit, letztlich der Wüste abgerungen, blieb bedeutsam. Und ihr «Versprechen» auf Sinn, das im Initialtraum ausgedrückt wurde, wurde konkret erlebbare Alltagsrealität.

Initialträume, zu Beginn einer Therapie geträumt, weisen den Weg der Therapie, geben zumindest die Richtung an. Der Traum war sowohl für die Träumerin als auch für mich als Therapeutin sehr wichtig. Die Träumerin hatte die Phantasie, daß alle Quellen wieder fließen müßten, kaum habe sie mit der Therapie begonnen. Da der Traum so eindringlich sagte, daß sie noch einmal für lange Zeit in die Wüste gehen müsse, war zu erwarten, daß die Quellen so schnell nicht zu fließen beginnen würden. Es war aber ebenso wichtig für die Träumerin, daß sie das Bild der Wüste nicht nur in dem sie ängstigenden Aspekt sah, im Defizienten, sondern auch aufnehmen konnte, daß dieses Ausgesetztsein in der Wüste eine radikale Grenzsituation ist, aus der man entweder gewandelt hervorgeht oder untergeht. Die Wüste ist keinesfalls nur Symbol für das Verwüstete allein, wenn auch dieser Aspekt immer mitschwingt.

Wesentlich ist zudem, daß dieser Traum den Beginn der therapeutischen Arbeit als bewußtes In-die-Wüste-Gehen darstellt, auch als das Überschreiten einer Grenze, die vorher nicht überschritten worden war – eine Grenzsituation, die zu vielen weiteren Grenzsituationen führen wird.

Ausgesetztsein und kosmische Geborgenheit

Der folgende Traum wurde von einer 29jährigen Frau geträumt, als sie vernahm, daß die Krankheit ihres Lebenspartners, die sie unter Kontrolle glaubte, wieder neu ausgebrochen war.

Es ist Nacht. – Wir sind in einem kleinen Flugzeug in der Wüste notgelandet. Zunächst glaubte ich nicht recht daran, denn das kennt man aus Romanen. Jemand ruft eindringlich, wir sollten alle schnell das Flugzeug verlassen. Ich raffe beim Hinausgehen schnell Decken zusammen, erinnere mich, daß die Wüstennächte kalt sind.

Ich bin draußen und ganz gefangen von einem wunderbaren Himmel über mir. Ich bin ganz aufgeregt, denke, jetzt sehe ich endlich selbst, was Saint-Exupéry immer beschrieben hat. Der Mond scheint auf eine wunderbare Landschaft, auf eine weite Ebene, die in herrliche Dünen übergeht. Ich will unbedingt wach bleiben, um nichts zu verpassen und um die Dünen bei Sonnenaufgang fotografieren zu können. Die anderen sind voll Angst, denken daran, daß wir verdursten und verhungern werden, wenn uns niemand findet. Mich stört diese Angst in dieser urtümlichen Land-

schaft. Ich entferne mich etwas vom Flugzeug, ich will allein sein mit dieser Wüste.

Ich sehe das Flugzeug nicht mehr. Jetzt spüre ich mich ganz allein in dieser Wüste – ich ganz klein in der riesengroßen Wüste –, jetzt bin ich auf irgendeinen glücklichen Zufall angewiesen. Ich suche die anderen, denke, miteinander hätten wir doch eine bessere Chance zu überleben. Verfluche meinen Mut und meine Faszination. Es ist ungeheuer kalt. Ich rufe – niemand antwortet. Es ist, als gäbe es einfach niemanden mehr auf der Welt.

Ich beginne zu gehen, damit ich nicht erfriere, in eine Richtung, die mir als die richtige erscheint. Ich orientiere mich an einem Sternbild, das ich nicht kenne, aber das mich sehr anspricht. Ich werde müde, hungrig, schläfrig. Ich friere. Aber ich zwinge mich weiter zu gehen und sage mir: Es kommt alles noch viel schlimmer, aber ich gebe nicht kampflos auf. Wenn ich schon sterben muß, dann ist hier kein schlechter Platz. Aber ich will nicht sterben, mir fallen immer neue Gründe ein, weshalb ich unbedingt leben will...

Hier erwacht die Träumerin, gepackt von einem heftigen Willen zu überleben, komme was wolle. – Das ist für sie die wichtigste emotionelle Erfahrung, die der Traum ihr vermittelt. Es ist nicht nur eine Idee, sie spürt diesen Willen zu überleben auch in allen Fasern ihres Körpers. Halb ist sie

28

denn auch enttäuscht, daß sie nur in ihrem Bett liegt, halb auch erleichtert.

Die Stimmung, die dieser Traum vermittelt hat, hält an – über Wochen hinweg. Die Bilder des Traumes sind auch jederzeit in ihrer emotionellen Bedeutsamkeit wieder in der Erinnerung abzurufen, es sind dies besonders die Bilder der Wüstennacht und das Erlebnis des immer schwieriger werdenden Ganges durch die Wüste, mit diesem eigentümlichen Sternbild vor Augen und dem Wissen darum, daß sie diesem Sternbild folgen muß.

Zu dieser Wüstennacht fiel der Träumerin, die zu diesem Zeitpunkt noch nie in der Wüste gewesen war, wohl aber Filme von der Wüste gesehen hatte und vor allem eine sehr gute Kennerin der Bücher von Saint-Exupéry war, ein, daß Camus die Wüstennacht einmal eine Nacht ohne jedes Maß genannt hatte. Dieses Gefühl habe sie auch gehabt, eine Nacht ohne Maß, von einer wunderbaren, beeindruckenden Schönheit. So einsam sie sich auch gefühlt habe, so sehr habe sie sich auch geborgen gefühlt in dieser fremden Nacht, in dieser ungeheuren, eben maßlosen Weite.

Das Gefühl dieser Weite, damit das Gefühl von Schönheit und Freiheit, trat neben das Gefühl der Angst, der Verzagtheit, des Hungers, der Müdigkeit – aber beide Gefühle waren da, gleichzeitig erlebbar. Zu diesem Gefühl der Weite, der Freiheit und der Schönheit paßte das Angezogensein vom Sternbild, das den Weg wies wie «wenn der Himmel eben dafür sorgte, daß ich auch lebendig da wieder herauskomme». Aber immer wieder wies die Träumerin darauf hin, wie doppelt ihre Gefühle gewesen seien: dieses Fasziniertsein von der Wüstennacht – und dieses Gefühl der Bedrohung, aber auch das Gefühl der Sicherheit, daß sie diesen Sternen folgen mußte, komme, was wolle.

Ich bat die Träumerin, sich noch einmal diesem Bild der Wüstennacht ganz zu überlassen, um herauszuspüren, in welchen Zusammenhängen diese Wüstennacht für die Träumerin steht:

Ich sehe mich da stehen, es ist eine ganz helle Nacht, der Himmel ist voller Sterne, die Welt ist ganz ruhig, in eine unendliche Ruhe getaucht. Ich werde auch ruhig, mein Blick kann ganz frei schweifen – ich fühle mich unendlich geborgen unter diesem Himmel. Jetzt verstehe ich den Ausdruck «Sternenzelt»; es ist, wie wenn der Himmel für mich ein Zelt wäre. Ich spüre nur mich in dieser großen Nacht, die nicht dunkel ist, sondern nur das gleißende Licht abgedunkelt hat. Ich habe das Gefühl, hier mit mir zu sein.

Ich fühle mich als Teil von diesem Ganzen, ich gehöre zu diesem Ganzen. Ich fühle, daß ich bin und daß ich wesentlich bin. Diese Sterne haben

30

eine Beziehung zu mir, ich habe eine Beziehung zu ihnen, ich habe sonst nie das Gefühl, so sehr im Zusammenhang mit der Welt um mich zu stehen.

Hört man sich den Traum an, dann imponiert diese Gewißheit der Orientierung in der großen, weiten Nacht, das Vertrauen ins eigene Gefühl und in die Gestirne, das Vertrauen in ein Gesetz in ihr und in ein Gesetz über ihr, im «gestirnten Himmel». Es imponiert das Gefühl der Zusammengehörigkeit dieses bedrohten Menschen mit den ganz großen Gesetzen des Lebens, in die hinein auch dieser Mensch sich eingebunden weiß. Aus diesem Traum spricht ein tiefes Vertrauen; etwas in der Träumerin weiß, wie es weiterzugehen hat, und die Träumerin vertraut auch auf dieses Wissen. Und doch bleibt auch das Gefühl des Bedrohtseins, das Gefühl, daß «alles noch viel schlimmer kommt». Auch die Möglichkeit, hier zu sterben, wird erwogen – mit dem Hinweis darauf, daß hier ein guter Ort wäre. Der Tod wird in Betracht gezogen, weckt dann aber, als Gegenreaktion einen ungeheuren Willen zum Leben und zum Überleben.

Im Nacherleben dieser Bilder, die für die Träumerin sehr wichtig sind, wird das erste Bild des Traumes beiseite gelassen. Sie fängt bei der Faszination durch die Wüstennacht an, diese Faszination, die letztlich wohl diesen ungeheuren Lebenswillen bewirkt.

Zu den Einfällen zum Flugzeug und zum Flugzeugabsturz befragt, sagt die Träumerin, diese Szene sei ihr schlecht einfühlbar. In ihrem Bilderleben nah sei ihr die Szene, in der sie sich über die sich ängstigenden Begleiter und Begleiterinnen geärgert habe, die sie aber auch verlassen habe. Das habe sie im Nachhinein auch sehr geärgert, denn es sei unvernünftig, einfach in die Wüste hinauszustürmen, aber sie sei so fasziniert gewesen. Diese Faszination durch die Wüste und durch die Wüstennacht wird zu bedenken sein.

Den Flugzeugabsturz brachte die Träumerin mit dem neuerlichen Ausbruch der Krankheit bei ihrem Partner zusammen. Dadurch mußte sie sich immer dringlicher mit dem möglichen Tod ihres Partners beschäftigen. Eine Hoffnung hatte sie verloren: Sie hatte angesichts der besseren Gesundheitslage gewagt, Pläne zu schmieden, eine gemeinsame Zukunft zu phantasieren, ein Leben, das vielleicht sogar wieder gemeinsames Reisen enthalten könnte. Diese Hoffnungen, meinte sie, seien nun alle «abgestürzt», auf den harten, trockenen Boden der Realität gestellt.

Die anderen Mitabgestürzten habe sie nicht gekannt, es sei ein kleines Flugzeug gewesen. Erinnerlich sei ihr nur dieses Gefühl von Panik, das die anderen ausgestrahlt hätten und das ihr ausgesprochen lästig gewesen sei. Daß diese Traumbilder der Träumerin nicht nah sind, ist verständlich: Schon in ihrer Traumniederschrift weist sie darauf hin, daß sie nicht so recht an den Flugzeugabsturz glaubt, daß das doch eigentlich eine Romanhandlung sei. Sie distanziert sich vom Geschehen, verweist es ins Reich des Romanhaften; sie möchte den Absturz nicht wahrhaben, so wie wir schreckliche Ereignisse zunächst nicht wahrhaben wollen, wir wollen sie verdrängen.

Auch zu den Menschen, die mit ihr abgestürzt sind, kann sie nichts sagen. Selbst ein längeres Nachfragen nach dem Aussehen der Mitabgestürzten ergab keinen Hinweis auf deren Identität; so sind sie als unbekannte Persönlichkeitsanteile der Träumerin zu betrachten, die ihre Angst offen zeigen, die zu Panik neigen, während die Träumerin im Traum sich im Gegensatz dazu recht angstfrei gibt, überlegt, vernünftig reagiert, sofort weiß, daß die Wüstennacht kalt sein wird. Erst die Faszination läßt sie unvernünftig werden. Etwas in ihr reagiert im Traum mit Angst und Panik auf die Situation, diese Seiten in ihr werden aber sehr schnell verlassen – sie überläßt sich der Faszination.

Die Bücher von Saint-Exupéry kannte die Träumerin seit ihrer Mittelschulzeit, und sie las sie immer wieder. Besonders die Herausforderung, der sich Saint-Exupéry stellte, war für sie faszinierend. Er war es, der in ihr eine Wüstensehnsucht geweckt hatte. Saint-Exupéry war für sie ein Mensch, der die Herausforderungen angenommen, sich in Grenzsituationen des Lebens erprobt hatte und letztlich daran gescheitert war.

Das nun scheint im Zusammenhang mit ihrer Faszination zu stehen: in dieser Situation des Abgestürztseins, des Ausgesetztseins, in der es ja auch ein Wunder ist, daß sie den Absturz überlebt hat (was ihr aber keinen Eindruck macht, sie findet das normal), in dieser Situation, in der der Traum ihr auch sagt, daß sie auf einen wenig wohnlichen Erdstrich gefallen ist, an einen Ort der Bedrohung, sah sie das Faszinierende dieser Situation und nahm die Herausforderung, die in ihr lag, voll an, wissend um ein höheres Gesetz, das in ihrem Leben eine Rolle spielt, in das sie eingebunden ist und dem sie vertraut. Das Gefühl der Angst nimmt sie nachher aber mit auf den Weg und das doppelte Erleben, das sie schildert: das Erfahren der Angst, das Bedenken des möglichen eigenen Todes, aber auch das Erleben der Großartigkeit der Nacht und der Geborgenheit in ihr, führen zur Faszination durch das Wunderbare, Unausgeschrittene des Lebens, dem sie sich aussetzen will. Dieser Traum hatte unmittelbar die Wirkung, daß die Träumerin die Schönheit des Lebens in allen Fasern spürte, sehr deutlich auch spürte, weshalb sie weiterleben wollte. Der Traum weckte ihren Lebenswillen, was wohl notwendig war, nachdem sie fast zu Tode gestürzt wäre. Ihrem Wesen gemäß konnte nur eine große Faszination, die losgelöst von Menschen und daher auch nicht von ihnen abhängig – fast eine kosmische Faszination –, sie der Bedrohung durch die enttäuschte Hoffnung entziehen. Dennoch bleibt zu beachten, daß auch der Raum der Faszination die Wüste bleibt; es ist kalt, und die Träumerin friert trotz der Faszination immer mehr. Die unmittelbare Bedrohung, die unmittelbare Herausforderung ist nicht vorbei. Auch die Fotografie des Sonnenaufganges über den Dünen, an der der Träumerin so viel liegt, ist bis jetzt nicht gemacht. Ein wirklicher Sonnenaufgang, der auch damit zu tun haben könnte, daß die Nacht des Leidens endgültig vorbei ist, ist nicht in Sicht. Andererseits wird in der Situation, in der die Träumerin auch die Möglichkeit des Todes in dieser Wüste akzeptiert, der ganze Lebenswille, die ganze Lust fürs Leben erlebbar.

An diesem Traum wird deutlich, wie eine existentiell bedrohliche Situation, wie es der nahende Tod eines mit einem sehr verbundenen Menschen bedeutet, als Absturz in die Wüste dargestellt werden kann, wie dann aber, gerade in der Situation, in der das eigene Leben ungewiß ist, eine ungeheure Lust zum Leben aufbrechen kann, ein Ja zum Leben, wie es in der bedrohten Situation doch nicht selbstverständlich ist. Nicht zuletzt bricht dieses Ja zum Leben dank dem Erleben auch dieser schwierigen, radikalen Lebenssituation auf, aber auch dank der Erkenntnis, die vor allem die Wüste vermitteln kann, daß es in der größten Ungeborgenheit eine Geborgenheit in den großen Weltgesetzen gibt, mit denen der Mensch zusammenhängt.

Der Ort der Vergänglichkeit

Wie sehr die Wüste auch der Ort der Orientierungslosigkeit und der Ort des Todes sein kann, zeigen die folgenden Träume eines 46jährigen Mannes.

Der Mann litt an einer schweren körperlichen Krankheit. Er suchte Therapie auf, um die letzten Jahre seines Lebens so bewußt wie möglich zu leben. Sein Initialtraum:

Ich bin in einer Wüste, die ganz eben ist. Kein Strauch ist zu sehen, der Horizont eine scharfe Linie.

Ich will auf den Horizont zugehen, aber er entfernt sich. Ich laufe wohl im Kreis.

Es ist besser, mich zu setzen und zu überlegen, was ich machen soll.

Der Träumer sagte, dieser Traum habe in ihm ein Gefühl großer Mutlosigkeit hinterlassen. Er sei ganz einsam in dieser Wüste, die Sonne brenne, er habe eine «gnadenlose Abwesenheit» allen Lebens gefühlt, er habe auch keine Spuren etwa von Springmäusen gesehen, diese Spuren hätten ihn getröstet. Aber sie waren nicht da.

Ich bat ihn, sich noch einmal dort in den Traum

einzufühlen, als er sich entschlossen hatte, auf den Horizont zuzugehen:

Irgendetwas muß man ja unternehmen, aber es ist so sinnlos, die Kräfte stehen in keinem Verhältnis zur Aufgabe. Ich habe zwar etwas Wasser, aber keinen Kompaß, ich glaube nicht, daß das sinnvoll ist, hier zu gehen.

Der Träumer war früher oft in der Wüste gewesen, immer mit Freunden. Er erzählte, er habe sich immer sehr gut gefühlt während dieser Wüstenaufenthalte, da habe er das Gefühl gehabt, seinem Alltag auch wirklich zu entfliehen; die Einsamkeit und die Stille der Wüste sei ihm immer sehr gut bekommen. Er habe die Wüste gebraucht, um zu sich zu kommen, aber als Freundesgruppe hätten sie die Wüste auch gebraucht, um sich zu beweisen, daß sie auch schwierige Situationen miteinander durchstehen konnten. So allein in der Wüste zu sein, wie er es im Traum sei, zudem in einer so «brutalen» Wüste, sei sehr gefährlich, könne eigentlich nur mit dem Tod enden. Die Wüste ist für diesen Menschen also ein Ort der Einsamkeit, wo er zu sich kommen kann, es ist aber auch ein Ort, wo sich Freundschaft erproben läßt, ein Ort der Herausforderung. Die Herausforderung aber besteht man im Kreise der Freunde, ist gemeinsam zu bestehen.

In diesem Traum fehlen nun aber die Freunde, die

Wüste wird als brutal erlebt: «Nichts als sengende Sonne die brennt, die einen ausbrennen, verbrennen wird, nichts ist vorhanden, was Schutz geben könnte.» Zwar ist noch ein Wille da, sich auf den Horizont hin zu bewegen. Eine leise Hoffnung, doch noch zu einem neuen Horizont aufbrechen zu können oder zumindest herauszufinden aus der Wüste, besteht. Aber der Versuch mißlingt, der Horizont ist wohl zu weit weg. Und die Einfälle des Träumers sind deutlich genung: Die eigene Kraft steht in keinem Verhältnis zur Herausforderung, und es ist vorläufig nichts da, was die eigene Kraft steigern könnte. Die einzige Möglichkeit besteht darin, sich zu setzen und zu überlegen.

Zu diesem Traumteil fiel dem Träumer ein, daß er sich in der Wüste einmal verlaufen hatte, das heisst, seine Kollegen aus den Augen verloren hatte. Da setzte er sich einfach nieder, machte Aufzeichnungen und wartete, bis ihn seine Freunde suchten; sie fanden ihn denn auch bald, schalten ihn bequem usw. – Auch wenn der Träumer zu diesem Traum sagte, es sei tödlich, so allein in der Wüste zu sein, die er zudem als «brutal» erlebt, vielleicht ist in diesem Einfall zur Schlußszene des Traumes doch noch ein Quentchen Hoffnung verborgen. Wenn ein Wunder geschähe, dann käme vielleicht jemand vorbei.

Als Initialtraum sagte der Traum uns beiden, daß

39

wir uns mit dieser Wüstensituation auseinander-
zusetzen hätten, daß es wohl darum gehen kann,
dieses Sich-Setzen, dieses Sich-Besinnen auf sich
selbst, vielleicht auch das bewußte Abschiedneh-
men vom Leben zu beachten.

Da der Traum für seine Situation das Bild der Wüste gewählt hatte, fragte ich den Träumer, ob er
einen Zusammenhang zwischen der Wüste und
seiner Krankheit sehen könne. Er sah diesen Zusammenhang einmal darin, daß er jetzt so ungeheuer allein sei, seine Freunde würden ihn fliehen,
seit er krank sei, sie könnten irgendwie nichts
mehr mit ihm anfangen. Er komme sich wirklich
wie ausgesetzt vor in der Wüste. Dann habe er
auch das Gefühl, daß sein Körper von innen heraus zerstört, verwüstet werde. Grundsätzlich aber
drücke für ihn der Traum schon aus, daß er sich in
einer extrem bedrohten Lebenssituation befinde.
Er sei froh, daß der Traum das Bild der Wüste dafür nehme, denn die Wüste, die hätte wenigstens
nicht er verursacht, auch nicht seine Generation.
So habe er den Eindruck, wenigstens nicht schuld
zu sein an seiner Krankheit. Die Wüste, das sei
doch mehr oder weniger ein Naturereignis, und so
fasse er auch seine Krankheit auf.

Ein halbes Jahr später träumte er wieder von der
Wüste:

Ich bin in der Wüste. Ich habe ein wenig Wasser

*bei mir und eine Decke. Es ist eine schöne Wüste
mit interessanten Felsformationen, in diesen Fel-
sen finde ich Schatten. Ich nehme die Schönheit
dieser Landschaft in mich auf.
Ich warte auf eine Karawane, von der ich weiß,
daß sie nicht mehr kommen wird.*

Im Vergleich zum ersten Traum von der Wüste,
sagte der Träumer, habe in diesem Traum eine
ganz andere Atmosphäre geherrscht: Er habe ge-
wußt, daß keine Rettung mehr komme, dennoch
aber auf Rettung gewartet, aber in einer «freilas-
senden Art und Weise». Der Tod mag kommen,
oder die Rettung mag kommen; es soll so geschehen, wie es mir bestimmt ist. Er habe sich auch
über seine Einsamkeit nicht mehr gewundert, er
habe sie für gegeben hingenommen; wenn er sich
jetzt noch einmal in die Bilder hineinversenke,
dann spüre er, daß er sogar einsam sein wollte: Er
allein mit der Schönheit der Wüste. Die Schönheit
der Welt könne man nur so intensiv erfassen,
wenn man wisse, daß man bald sterben müsse.

In diesem Traum drückt sich aus, daß er sich mit
dem Gedanken des Sterbens vertraut gemacht
hat, daß er sich ausgesöhnt hat mit seiner Krankheit. Auch wird deutlich, daß er gelernt hat, sich
auf den Tod hin zu orientieren, andererseits aber
auch die Möglichkeit des Weiterlebens im Auge
behält, obwohl er daran weniger glaubt. Am wich-

41

tigsten ist für ihn, daß er die Schönheit dieser Wüste noch einmal sieht. Er ist auch nicht mehr ganz so ungeschützt in dieser Wüstensituation wie im ersten Wüstentraum; so bedrohlich ist dieser Ort der Herausforderung nicht mehr, er kann dieser radikalen Situation auch etwas Schönes, Bedeutsames abgewinnen.

Der Traum benützt aber, um diese existentiell wichtige neue Einstellung zu seiner Krankheit zu bebildern, wieder die Wüste, eine «Seelenlandschaft» von ihm, wie der Träumer selbst sagt, mit der er immer so große Hoffnungen auf Grenzerfahrungen jeder Art verbunden hatte. Unter der Einsamkeit leidet er nicht mehr: Er akzeptiert sie nun.

Sein letzter Wüstentraum:

Ich bin endgültig in die Wüste verbannt worden. Wenigstens habe ich einen Jeep dabei. Irgendwie ist er aber auch blockiert. Ich setze mich in den Jeep und warte auf Hilfe.

Ich schlafe ein. Ich erwache, weil ich eine sanfte Hand auf meinem Nacken spüre. Ich greife in meinen Nacken, möchte die Hand anfassen, die mich berührt. Ich erfasse eine Schlange. Ich erschrecke zu Tode und erwache mit einem Schrei.

Der Träumer wunderte sich vor allem darüber, daß die Berührung im Nacken eine so unendlich sanfte gewesen sei, wie von einer sehr, sehr zärtlichen Frauenhand. Diese Berührung habe ihn an zärtliche Situationen erinnert, auch daran, wie ihn seine Tochter, als sie sehr klein gewesen sei, angefaßt habe. Die Schlange im Nacken, die bringe nun natürlich den Tod. Er ist im Traum ja auch zu Tode erschrocken.

Schlangenerlebnisse hatte er nie gehabt in der Wüste. Er dachte an den Schlangenbiß in der Erzählung «Der kleine Prinz» von Saint-Exupéry. Dieser Schlangenbiß soll den kleinen Prinzen wieder zu seinem Heimatplaneten bringen. – Natürlich habe er immer auf Schlangen aufgepaßt, aber so gefährlich seien sie in der Realität nicht.

Der Einfall mit der Geschichte von Saint-Exupéry zeigt deutlich, daß der Träumer die Schlange als die Todesbringerin sieht, die ihn allerdings unendlich zärtlich berührt. Immer wieder spricht er von dieser Stelle, spricht davon, daß er sehr Angst vor dem Sterben habe, nicht vor dem Tot-Sein, und daß ihm diese Traumstelle ein wenig seine Angst wegnehme; wenn er einen so unendlich sanften Tod haben könnte, das wäre für ihn sehr tröstlich.

Daß er nun endgültig in die Wüste verbannt war, verstand der Träumer dahingehend, daß keine Hoffnung mehr bestand, je aus dieser Wüste herauszukommen. «Für einen gesunden Mann wäre die Verbannung in die Wüste auch die Herausforderung zur größten Freiheit, die Möglichkeit, sein Leben noch einmal ganz neu zu gestalten, neue Beziehungen anzuknüpfen – das wäre kein Todesurteil.»

Eigentümlich erlebte der Träumer, daß er in jedem Wüstentraum besser ausgerüstet war. Zwischen diesen Wüstenträumen lagen natürlich andere Träume. Keine dieser Träume berührten ihn aber so sehr wie die Wüstenträume, von denen er den Eindruck hatte, sie gaben am präzisesten seine Lebenssituation wieder. Er hatte zu diesem Zeitpunkt seine «Wüstensituation» auch sehr akzeptiert, akzeptiert, daß er an der Grenze zum Tode lebte, und auch gelernt, aus dieser Situation heraus sein Leben und das Leben überhaupt, vor allem aber auch seine Umwelt noch einmal neu zu sehen. Er hatte sogar gelernt, zu seinen Freunden neu Kontakt aufzunehmen – auch das wäre besser möglich in der Wüste, wenn man einen Jeep besitzt, dann könnte man auch andere Menschen aufsuchen. Jetzt aber, so fühlte er, war er wirklich etwas blockiert, jetzt konnte er nicht mehr weiter. Drei Wochen, nachdem der Träumer diesen Traum geträumt hatte, starb er im Schlaf.

Die Wüstenträume gaben diesem Träumer nicht nur am präzisesten an, wie es um ihn stand, wie er selbst bemerkte, sondern sie gaben ihm auch das Gefühl, daß sein Leben auf den Tod hin, seine

Auseinandersetzung mit dem Sterbenmüssen etwas Großes war und in einem Erlebnisbereich anzusiedeln ist, der ihm schon immer sehr wichtig gewesen war, einem Erlebnisbereich auch, der von einem übermenschlichen Zerfall geprägt ist, wo Zerfall nicht einfach als Fehler, sondern auch als ein schönes Naturereignis zu sehen ist. – Vielleicht könnten wir von der Wüste etwas über Altern und Sterben lernen.

Die Bedrohung durch
Illusionen und der Aufruf
zur Neuorientierung

Das Ausgesetztsein in der Wüste muß aber keineswegs bedeuten, daß ein Mensch sich auf das Sterben einstellen muß. Die Orientierungslosigkeit kann auch eine ganz andere Orientierung, als die auf den Tod hin, erfordern. Der Traum einer 64jährigen Frau:

Ich bin in einer Sandwüste. Die Sonne brennt. Ich finde keinen Schutz. Ich bin ganz verzweifelt. Keine Menschen sind da. In der Ferne sehe ich immer Schiffe heranschwimmen, Bäume, ganze Städte. Ich taumle darauf zu – aber es ist immer nichts. Alles ist nichts. Und niemand hilft mir. Ich will hier nicht bleiben, aber ich weiß nicht, wohin gehen. Überall ist Wüste.
Ich wache verzweifelt auf und bin sehr froh, daß das nur ein Traum gewesen ist.

Die Träumerin erlebte sich im Traum als sehr gefährdet, in einer ausweglosen Situation, genarrt von der Fata Morgana, genarrt von Illusionen. Sie hatte das Gefühl, der Traum künde ihren nahenden Tod an.

Zur Wüste fiel ihr ein, daß sie einmal in einer Oase

in Urlaub gewesen sei. Die Menschen in der Oase hätten immer dagegen kämpfen müssen, daß die Dünen der nahen Wüste sie nicht zugedeckt hätten. Sie sei immer nur wenig in die Wüste hineingelaufen, die Wüste habe sie sehr geängstigt, und der Sand, der immer überall sei, habe sie sehr gestört. Für sie sei die Wüste die drohende Verwüstung, ein Ort, wo nichts wachse, ein Ort der Angst und der Gefahr, vor allem auch ein Ort, der so wüst geworden sei, weil die Menschen Raubbau getrieben hätten. Wenn sie sich vorstelle, daß in ein paar Jahrhunderten auch Europa eine Wüste sein könnte, erfülle sie diese Vorstellung mit Schrecken und Trauer. Für sie wäre es eine ganz schreckliche Vorstellung, wenn sie allein in der Wüste ausgesetzt wäre. Dieser Traum sei für sie ein ganz schrecklicher Traum.

Ich frage die Frau, wo sie denn Wüste in sich erlebe. Nach einem langen Schweigen sagt sie, das Bild der Wüste treffe schon ein Lebensgefühl von ihr. Sie habe zwar das Gefühl gehabt, ein Leben lang ihren Acker zu bestellen, aber gewachsen sei eigentlich wenig. Sie sei doch sehr vereinsamt, sie fühle sich ausgesetzt, die Anforderungen des Lebens seien wie eine Sonne, die gnadenlos auf sie herunterbrenne.

Die Träumerin hatte vor fünf Jahren ihren um zehn Jahre älteren Mann verloren, ihre Kinder wohnen weit entfernt von ihr. Da sie sehr auf ihren Mann ausgerichtet gewesen war, hatte sie es versäumt, eigene Freundschaften zu pflegen, aber offensichtlich auch, eigenen Interessen nachzugehen. Sie hatte für diesen Mann gelebt und nur für ihn. Sein Tod traf sie sehr, nicht nur mußte sie den Verlust verarbeiten, sie entdeckte auch, daß sie mit sich wenig anzufangen wußte. Sie wurde ansprüchlich, verlangte, daß irgendjemand nun für sie tat, was sie für ihren Mann getan hatte. Aber es fand sich niemand, der dazu bereit gewesen wäre. Sie wurde immer deprimierter und suchte die Therapie auf.

Dieser Wüstentraum wurde nach drei Monaten Therapie geträumt, war aber einer der ersten Träume, an den sich die Träumerin erinnerte. Mit den Assoziationen der Träumerin wird deutlich, daß der Traum ihre Lebenssituation als gefährdet abbildet, er zeigt einen Zustand fortschreitender Verwüstung, vor der sich die Träumerin sehr ängstigt. – Sie ist aber in einer Situation, in der sie erkennt, daß sie sich Illusionen hingibt. Solche Illusionen hat sie in der Tat: So stellte sie sich immer vor, daß sie jetzt zwar in einer Situation lebe, in der ihr das Leben schwer falle, daß aber irgendwann eine Situation eintrete, die alles mit einem Schlage verändere, etwa, daß sich ein Enkelkind dazu entschließen könnte, mit ihr zusammen zu wohnen. Als ich sie darauf ansprach, ob denn darüber in der Familie gesprochen worden sei, ob es denn überhaupt einen Grund gäbe für die Eltern eines ihrer Enkelkinder, ein Kind wegzugeben, stellt sich heraus, daß nie jemand davon gesprochen hatte, daß die Enkelkinder auch noch zu klein waren, um Wünsche in dieser Richtung äußern zu können. Wir verstanden also die Fata Morgana des Traumes in diesem Sinne. Auf ihre Wunschphantasien kann sie sich nicht verlassen, so wenig man sich in der Wüste auf das Meer in der Ebene, das einen immer begleitet, ja, das sich sogar fotografieren läßt, verlassen kann.

Der Traum zeigte der Träumerin schonungslos auf, daß sie sich in der Wüste befand, – in Verbindung mit ihren Einfällen in verwüstetem Land, das auch das Vernachlässigte, das Verpaßte, das Versäumte ausdrücken kann. Und daß es nicht angeht, sich auf Illusionen zu verlassen, sich auf irgendeinen Tag in der Zukunft zu berufen, der die ganze Lebenssituation, die für sie bedrohlich ist, mit einem Schlag verändern wird. Dieses «Es ist alles nichts» ist eine sehr heilvolle, wenn auch erschreckende Erkenntnis. Wenn wir einmal erkannt haben, daß etwas nichts ist, dann besteht auch die Möglichkeit einer entschlossenen Wende, eines entschlossenen Neuanfangs.

Auch wenn wir die persönlichen Einfälle eines

Träumers oder einer Träumerin sehr ernst nehmen, und diese in erster Linie bei der Deutung beachten, zeigt es sich immer wieder, daß die allgemeine Bedeutung eines Symbols in diesem Traum-Symbol immer auch mitenthalten ist, wenn auch oft nicht immer in allen Perspektiven, in allen Schattierungen, die das Symbol aufweist. – Auch in diesem Traum wird deutlich, daß das Ende einer Phase und der mögliche Neuanfang in diesem Symbol der Wüste mitschwingt.

Daß niemand da ist, um der Träumerin zu helfen, bedeutet wohl, daß sie sich selbst den Weg aus der Wüste suchen muß. Vielleicht aber genügt es überhaupt, daß sie weiß, daß sie aus der Wüste heraus will, daß sie sieht, daß viel mehr Wüste da ist, als sie gedacht hat, und vor allem auch, daß sie darüber verzweifelt aufwacht. In diesem verzweifelten Aufwachen nimmt sie ihre Lebenssituation als bedrohte, aber auch als «verwüstete» sehr ernst, begreift auch ein erstes Mal, daß es nicht genügt, von anderen etwas zu erwarten, sondern daß diese Wüste auch zu einem Teil in ihrer Verantwortung liegt. Sie kann zwar nicht die ganze Wüste verantworten, nicht den ganzen «Raubbau der Menschheit» auf sich nehmen, aber für ihre eigene Wüste, da, wo sie zu wenig bewässert hat, wo sie sich zu wenig um sich selbst gekümmert hat, da ist sie verantwortlich.

Der Wüstentraum beschäftigt diese Träumerin sehr. Immer wieder erzählt sie mir, daß es nur etwas Wasser brauche in der Wüste, um die Wüste herrlich fruchtbar zu machen, daß aber auch nur ein mäßig starker Sandsturm alles neu Gepflanzte wieder zudecken könne. Diese Erzählungen waren wegweisend für unsere Erfahrung im therapeutischen Prozeß. Nachdem diese Frau erkannt hatte, daß man nicht nur für sich selbst auch etwas tun *darf* in der Welt, sondern daß man sogar etwas für sich selbst tun *muß*, um nicht sein eigenes Lebenspotential versanden zu lassen, fanden wir anhand von Wunschbildern ihres Lebens bald heraus, wo ihre Sehnsüchte lagen und wie einige davon zu realisieren waren.

Sehr oft aber deckte wiederum «ein Sandsturm» das Erreichte zu. Dank der Bilder, die die Träumerin selbst im Anschluß an diesen Traum in ihrer Erzählung gegeben hatte, konnten wir dann auch – humorvoll – darüber sprechen, ob dieser Sandsturm nun wirklich nötig gewesen sei, was er bezwecke usw. Anhand der Assoziationen zum ersten Traum war auch deutlich geworden, daß die Träumerin gegen das Überhandnehmen des Sandes kämpfen, ihre Oase verteidigen mußte.

Immer dann, wenn sie sich einem Gefühl der Hilflosigkeit überließ, hatte sie das Gefühl, die Wüste in ihr nehme überhand. Aber die Wüste faszinierte auch: Neun Monate, nach dem ersten Traum zum Thema Wüste, träumte sie einen zweiten Wüstentraum.

Ich bin in einer Oase. Sie sieht ähnlich aus, wie die, die ich kenne. Es ist ein kleiner Ort, nichts Besonderes, aber man hat dort alles, was man zum Leben braucht: Wasser, Menschen, Datteln, Nahrungsmittel, sogar Elektrizität.

Ich verlasse immer wieder die Oase und gehe in die Wüste hinaus. Ein alter Mann sagt mir, ich solle mich nicht zu weit von der Oase entfernen. Aber ich laufe immer wieder weg. Sobald ich in der Wüste bin, werde ich aufgeregt, denke, daß ich den Weg nicht mehr finde, habe Angst. Der Alte holt mich jeweils mit dem Kamel wieder zurück.

Die Träumerin hat den Eindruck, dieses Weglaufen und «Sich-Rettenlassen» – wie sie es ausdrückt – wiederhole sich einige Male im Traum. Im Wachen findet sie ihr Benehmen lächerlich. Dennoch werden wir uns überlegen müssen, welche Bedeutung dieses wieder in die Wüste Hinauslaufen für die Träumerin hat. Der Traum beginnt damit, daß die Träumerin nicht mehr in der Wüste ist, sondern in der Oase. Wüste und Oase sind geradezu Gegensätze: Ist die Wüste karg, so ist die Oase reich; da sind Nahrungsmittel vorhanden, da grünt es, da sind Menschen, die miteinander

Beziehung pflegen und auch Beziehungen mit in die Wüste hineintragen.

Dieser Traumteil zeigt, daß es der Träumerin gelungen ist, ihren Lebensraum zu verändern: Zwar haust sie noch immer am Rande der Wüste, aber an einem Ort, wie der Traum es ausdrückt, wo man alles hat, was man zum Leben braucht: Nahrung, Beziehungen, ja sogar Elektrizität, Energie, die das Leben vereinfacht. In ihren Einfällen brachte die Träumerin die Oase auch mit einem Ort in Verbindung, wo man sich von den Strapazen der Wüste erholen kann, wo man es sich gut gehen lassen kann.

Dieses Oasengefühl, meint sie, habe sie jetzt schon ab und zu, sie sei aber froh, daß der Traum ihr vor Augen führe, daß ihre Arbeit an sich selbst auch wirklich etwas bewirkt habe. Allerdings sei die Oase ja nichts Besonderes, erwähnt sie dann noch einmal. Diese Bemerkung stand schon im Traumtext. Auf meine Frage, weshalb sie denn unzufrieden sei mit dieser Oase, sagt die Träumerin, sie sei halt auch sehr gewöhnlich, sie hätte lieber eine etwas größere Oase, mit der auch etwas mehr Bedeutung verbunden wäre. «Alles zu haben, was man zum Leben braucht» genügt dieser Frau nicht mehr, sie möchte mehr haben. Nun spricht ja an sich nichts dagegen, daß sie die Oase vergrößert, wenn sie genug Mittel hat, das zu tun.

Diese Unzufriedenheit könnte bewirken, daß sie sich von ihrer Oase aus in die Wüste hinein begibt, mutwillig fast, und dann vergißt, wo ihre Oase liegt, vergißt, daß ihr Leben nicht nur aus Wüste besteht. Der alte Mann im Traum warnt sie denn auch. Diesen alten Mann kennt die Träumerin nicht. Sie sieht ihn im Traum als alten Tuareg, sehr stolz, sehr frei, aber auch sehr besonnen. Er fühlt sich ein wenig verantwortlich für sie: «So, wie in dieser Oase sich alle auch für die anderen etwas verantwortlich fühlen.» Sie hat das Gefühl, daß der Mann weise ist, und wenn er etwas anordnet, dann habe das schon einen Sinn.

Vielleicht aber sei sie auch einfach wieder in die Wüste hinausgelaufen, um sich zu beweisen, daß sie einem Menschen wichtig sei. Auf meine Frage, ob dieses Verhalten mit Erleben in ihrem Alltag korrespondiere, fielen ihr Menschen ein, denen sie manchmal vorjammert – obwohl sie das Gefühl hat, sie sei innerlich wieder lebendig, bräuchte sich nicht mehr zu beklagen –, damit sich diese Menschen mehr um sie kümmern, allenfalls auch, um zu sehen, ob sich diese Menschen um sie kümmern. Ein Verhalten, das sie nicht mehr nötig hat, wird vom Traum aufgezeigt. Der Traum weist aber auch darauf hin, daß es gar nicht so ungefährlich ist, sich immer wieder mutwillig in die Wüste zu begeben, wenn auch der alte Mann, der einer sehr besonnenen Seite in ihr entspricht, der auch eine gute Art von Stolz hat, sie immer wieder zurückholt. Er warnt sie aber auch. Vielleicht ist es halt doch mehr besonders, in der Wüste sich zu verlaufen, als in einer Oase zu leben, die eben nichts Besonderes ist.

Der Traum aber weist die Träumerin darauf hin, daß das gefährlich ist, daß sie nicht zu weit von der Oase weglaufen soll. Ein wenig von der Oase weglaufen hingegen darf und soll sie, vielleicht, um zu sehen, wo überall noch Wüste ist, wo überall die Oase vergrößert werden könnte. Sie soll die Oase nur nicht aus ihrem Blickfeld verlieren, wissen, daß es eine Oase gibt, daß es – ihren Einfällen gemäß – auch immer einen Ort gibt, wo sie sich ausruhen kann von den Strapazen der Wüste, wo genug da ist, um lebendig mit anderen Menschen zusammenleben zu können. Das Bedrohtsein in der Wüste kann also durchaus auch bedeuten, daß man versuchen muß, aus der Wüste eine Oase zu machen.

Abgrenzung gegen das Grenzenlose

Aber nicht nur Oasen entstehen in der Wüste, manchmal entstehen auch ganze Städte. Ein 52 jähriger Mann träumt:

Ich bin in einer kleineren Stadt in der Wüste, die architektonisch wunderhübsch gebaut ist, auch sehr schön angelegt. Ich bekomme den Auftrag, diese Stadt davor zu schützen, daß die Wüste sie wieder zudeckt. Mir liegt diese Stadt sehr am Herzen, ich sehe aber auch die Sanddünen vor der Stadt und spüre, daß es eine schwierige Aufgabe sein wird, die Stadt zu schützen. Ich weiß auch nicht recht, wie ich das anstellen könnte. Mir fallen die Lawinenverbauungen ein. Ich entschließe mich, Lawinenverbauungen machen zu lassen, und an deren Rückseite Wasserleitungen zu ziehen, um viele Bäume zu pflanzen. Ich suche Menschen, die mir helfen. Aber niemand sieht ein, daß meine Idee gut ist. Ich werde mißmutig, bin aber entschlossen, die Lawinenverbauung zu errichten.

Der Träumer war kurz zuvor in einem Oasenstädtchen gewesen und hatte mitbekommen, wie wichtig der Kampf gegen den Sand dort ist.

Eine erste Reaktion auf diesen Traum war, daß er sagte: «Es kommt in der Wüste darauf an, daß man dem Angriff des Windes standhält, daß der Wind nicht einfach mit einem macht, was er will.» Das ist bildhaft gesprochen auch das Anliegen des Traumes: einen Schutzwall gegen den Sand, der vom Wind geblasen wird, zu bauen, einen Schutzwall gegen die unendliche Wüste, die einen zudecken könnte, die zerstören könnte, was Menschenhand gebaut hat.

Der Träumer hatte die Wüste als sehr faszinierend, aber auch als sehr bedrohlich erlebt. «Entweder paßt der Mensch sich der Wüste an, oder aber, wenn er sich durchsetzen will, dann muß er mit größtem Einsatz kämpfen, sich behaupten.» – Hier wird die Wüste wiederum in einem neuen Aspekt gesehen: Die Wüste kann sich zurückholen, was der Mensch gebaut hat, die Wüste bedroht die Leistung des Menschen, deckt sie einfach zu. Die Wüste wird hier zum Symbol des Grenzenlosen, wenig Strukturierten, das zerstörend in ein Menschenleben einbrechen kann.

Der Mensch in seinem ganzen Kämpfertum, in seiner ganzen Kreativität, mit seinem ganzen Willen wird gebraucht, um sich in dieser Wüste oder neben dieser Wüste behaupten zu können, überleben zu können. Er muß sich auch Grenzen setzen, hier dargestellt in der Stadt, um sich davor zu schützen, daß das Grenzenlose der Wüste einbricht. Hier setzt sich der Mensch, indem er sich Grenzen setzt, innerhalb derer er leben kann, gegen das Grenzenlose ab, das ihm bloß alles «verblasen» würde. Der Träumer hier kämpft um eine Bleibe, kämpft um die schön gestaltete Stadt.

Er weiß nicht, wer ihm den Auftrag gegeben hat. Er spürt nur: Es ist einer dieser Aufträge im Traum, vor denen man sich nicht drücken darf, es sind ganz wichtige Aufträge.

Die Idee, Lawinenverbauungen zu machen, die dann durch Bäume verstärkt werden sollen, ist für einen Schweizer naheliegend. Was dazu taugt, sich vor den Schneemassen zu schützen, kann durchaus auch taugen, sich vor dem Sand zu schützen. Eigentümlich ist bloß, daß er niemanden von seiner Idee überzeugen kann. Muß er diesen Schutz ganz allein bauen? Vielleicht.

Was aber bedeutet dieser Traum in der Lebenssituation des Träumers? Der Träumer ist ein Künstler. Er hat schon viele Dinge in seinem Leben geschaffen, ausgedrückt im Traum in der architektonisch schön gestalteten Stadt. Er hat immer wieder Phasen, in denen er das, was er geschaffen hat, als gering erachtet, entwertet, relativiert. Angesichts der großen Weltprobleme hält er das, was er tut, für unwesentlich; angesichts der riesigen Zeiträume alles Lebendigen bleibt er unwichtig. Das

mag auch stimmen, nur wenige Menschen erreichen, daß sie über ein paar Jahrhunderte hinweg
wichtig und in irgendeiner Form bestimmend
bleiben. Aber ist das ein Grund, das eigene Ge-
schaffene zu entwerten?

Das, meine ich, versucht ihm sein Traum nahe zu
bringen: Das, was er bis jetzt geschaffen hat, das
muß er schützen, das ist der Ort auf der Welt, den
er gestaltet hat, der darf solange nicht vom Sand
überdeckt werden, solange er sich dagegen wehren
kann. Der Sand aber könnte mit einer ähnlichen
Heftigkeit über die Stadt hereinbrechen, wie das
Lawinen tun – und den Menschen vor Augen führen, wie vergänglich das ist, was sie schaffen. Aber
gerade weil es so vergänglich ist, muß es geschützt
werden.

Das Verwüstete, Vertane

In allen Träumen, die wir bis jetzt herangezogen haben, um das Symbol der Wüste zu illustrieren, war die Wüste im Traum dort anzutreffen, wo sie geographisch gesehen auch vorkommt.

Im folgenden Traum nun wird die Wüste an den normalen Wohnort geholt. Ein 42jähriger Mann träumt:

Ich schaue aus dem Fenster meines Hauses in den Garten. Ich traue meinen Augen nicht: Da, wo normalerweise Blumen sind, wo der Rasen ist, der Kinderspielplatz – da ist nur Sand: Mein Haus steht in einer großen Wüste. Mitten in dieser Wüste – alle Bäume sind weg, auch die, die ich neu gepflanzt habe – ragen nur noch meine Geschäftshäuser empor. Sie sind unverändert. Ich überlege mir, wer mir diesen Streich gespielt haben könnte und wie. Ich rufe meine Frau und meine Kinder, aber niemand antwortet.

Ich laufe zum Dachgarten. Aber da, wo normalerweise der Dachgarten ist, befindet sich ein Landeplatz für einen Helikopter. Mich wundert, daß all diese Veränderungen stattgefunden haben, ohne daß ich etwas davon bemerkt habe.

Der Mann erzählt diesen Traum voll Empörung, alles hat man ihm verwüstet, alles ist häßlich geworden um sein Haus herum, unlebendig, alles Leben ist verschwunden, sogar Frau und Kinder sind im Moment nicht zu erreichen. Allerdings kümmert ihn weniger die Verwüstung als solche als vielmehr die Frage, wer ihm das angetan haben könnte, wie das geschehen konnte.

Ich frage ihn, was ihm denn sein Garten bedeutet habe. Er sinniert eine Weile und sagt: «Früher sei ihm der Garten sehr wichtig gewesen, er habe sich auch Zeit genommen, Blumen auszusuchen und zu pflanzen, heute nehme er den Garten kaum mehr zur Kenntnis, am ehesten wohl noch den Kinderspielplatz. Ihm sei wichtig, daß den Kindern nichts fehle. Ob er denn da mit ihnen spiele? Er würde das schon gern tun, aber er habe keine Zeit dafür, seine Geschäfte gingen vor.

Ich frage ihn nach dem Dachgarten: Früher sei er sehr stolz gewesen auf seinen Dachgarten, da habe er sich mit seiner Frau am Abend jeweils aufgehalten, nur sie beide miteinander, niemand habe sie sehen können, da hätten sie Zärtlichkeiten miteinander getauscht, miteinander phantasiert. Dafür habe er jetzt aber auch keine Zeit mehr. Während wir so die Einfälle sammelten, wurde ihm deutlich, daß er für alles, was im Traum verwüstet war, auch keine Verwendung mehr hatte, daß alle diese

Lebensbereiche nicht nur brachlagen, sondern wirklich verwüstet waren. Besonders der Helikopterlandeplatz auf dem Dachgarten ärgerte ihn sehr. Es begann ihn auch zu beunruhigen, daß im Traum Frau und Kinder nicht im Haus waren: Er fragte sich, ob ihre Abwesenheit wohl auch Teil der Verwüstung sei.

In diesem Traum erscheint die Wüste als das vertane Land, als das Land, das man nicht rechtzeitig mit Sorge behandelt hat. In den Einfällen des Träumers kommt deutlich zum Ausdruck, daß er keine Zeit mehr hat für die Natur, daß er sich nicht mehr mit dem Wachsen der Natur beschäftigen mag, auch daß er sich nicht wirklich mit den Kindern abgibt, ihnen stattdessen Spielzeug gibt, und daß die erotische Beziehung zu seiner Frau nicht mehr wichtig ist; wichtig sind die Geschäftshäuser, wichtig ist, daß er effizient ist. Der Traum nennt es Verwüstung.

Der Träumer, von Natur aus ein eher musischer Mensch, hatte das Geschäft seines Vaters mit 36 Jahren übernommen, der Vater war überzeugt, daß er es in Kürze ruinieren würde. Deshalb gab sich der Sohn eine ungeheure Mühe, noch tüchtiger zu sein als der Vater.

Das gelang ihm auch, aber um welchen Preis! Der Traum zeigt seine Situation drastisch als eine, in der alles Leben aus seiner Umgebung sich entfernt hat, er hat seinen Garten vernachlässigt – doch wohl für lange Zeit, wenn schon eine Wüste daraus geworden ist. Das Wasser des Lebens fehlt – der Eros zum Lebendigen.

Deshalb ist die Frage nach dem Übeltäter, die der Träumer so dringlich stellt, eine wichtige. Aber weniger in dem Sinne, daß irgendein ihm übelwollender Mensch in kürzester Zeit ihm so sehr geschadet hätte. Er selbst, indem er sich nur noch seinen effizienten Seiten zuwendet, hat erreicht, daß er in einer Wüste sitzt, daß sein emotionelles, sein erotisches Leben «ausgetrocknet» ist, daß er sich selbst zwar effizient, aber ganz und gar uninspiriert vorkommt. – Dazu paßt, daß er mit funktionellen Herzbeschwerden, mit Herzbeschwerden, für die kein organischer Befund gefunden werden konnte, in Therapie kam.

Der Traum weist zunächst keinen Weg: Er bringt den Träumer dazu, herauszufinden, wer – und das heißt, welcher Persönlichkeitsaspekt in ihm – «schuld» daran ist, daß diese Verwüstung stattgefunden hat. Es wurde ihm auch bald klar, daß er als Sohn es war, der nicht wagte, sein eigenes Leben zu leben, sondern der mit dem Vater auf die Weise rivalisierte, daß er den Vater in seiner Domäne übertreffen mußte.

Dem fehlenden Garten entsprechen die fehlenden Beziehungen, die fehlende erotische Qualität des

Lebens. Jetzt – da nun einmal das Grün verloren war, die Blumen verloren waren, erfaßte diesen Mann plötzlich eine tiefe Liebe zum Grün, er sah plötzlich seinen Garten wieder, sah seine Blumen wieder, sah seine Frau wieder, und zwar mit den Augen eines Mannes, der – zumindest für einige Zeit – alles verloren glaubte.

Das war der Beginn einer Periode, in der er sich vermehrt fragte, was für ihn denn eigentlich die tragenden Werte in seinem Leben seien, in der er davon abrückte, seinem Vater auf jeden Fall beweisen zu wollen, daß er ihm ebenbürtig war. Ihm wurde plötzlich der Wert seines Lebens bewußt, und es wurde ihm bewußt, daß Leben vertan werden kann, daß Leben verspielt werden kann, daß es wesentlich ist, das eigene Leben zu leben.

Auch wenn in diesem Traum das Symbol der Wüste nur im Charakter des Verwüstetseins, des Verpaßten, des Vertanen gezeigt wurde, und zwar an einem Ort, wo die Wüste eben nicht hingehört, wo es eigentlich viel logischer wäre, daß ein ungepflegter, ungesehener Garten wuchern würde, bekommt diese Verwüstung noch zusätzlich den Charakter des Leblosen. Durch das Erschrecken angesichts dieses Leblosen erfolgt auch hier der Umschlag, den wir mit dem Symbol der «richtigen» Wüste in Beziehung gebracht haben: Angesichts der Wüste, des scheinbar Leblosen, des Verpaßten und Vertanen, wächst eine wilde Liebe zum Leben.

Würde dieser Traum nicht so sehr zu den Lebensumständen des Träumers passen, könnte man ihn auch als einen kollektiven Traum unserer Zeit sehen. Daß unsere Natur zerstört wird, hängt ja auch damit zusammen, daß wir so schlecht mit der Natur in uns selbst umgehen, daß wir zu wenig die Bedürfnisse des Gefühls, die erotischen Bedürfnisse, die Bedürfnisse des Körpers wahrnehmen und pflegen. Wir bemühen uns aber auch kaum um einen Gefühlsausdruck, wir bemühen uns wenig darum, unser Zusammenleben zu kultivieren. Und so könnten denn eben Gärten zu Wüsten werden. Es ist nur zu hoffen, daß uns angesichts der Verwüstung die Liebe zum Leben, zum Grün, auch rechtzeitig genug packt.

Das erstarrte Leben

Die Unfruchtbarkeit und die damit verbundene Bedrohung, die in der Wüste erlebt werden können, ist am eindrücklichsten im Bild der Eiswüste ausgedrückt: Die Eiswüste läßt in ihrer grenzenlosen Ausdehnung dem Menschen keinen Raum und wenig Chance zum Überleben.

Ein Traum eines 32jährigen Mannes, geträumt nach einem Unfall mit dem Motorrad, bei dem einer seiner Freunde den Tod fand, mag als Illustration gelten.

Ich bin in einer Eiswüste. Ich sehe nichts als Eiswüste. Ich bin ganz allein und friere erbärmlich. Nichts bewegt sich. Ich weiß nicht, in welche Richtung ich gehen soll. Ich werde erfrieren, wenn nicht ein Eisbrecher vorbei kommt.

Der Träumer erwachte frierend, weil er seine Bettdecke verloren hatte. Nun könnte man natürlich den Traum mit diesem Ereignis in Zusammenhang bringen. Der Traum kann auch durch dieses Kälteerlebnis ausgelöst worden sein, in seinen Bildern teilt er aber Wesentliches über die psychische Situation des Träumers mit, in ihnen äußert sich eine große existentielle Bedrohung.

Der Träumer, der noch im Krankenhaus liegt, sagt denn auch, er fühle sich wie erstarrt, er habe überhaupt keine lebendigen Gefühle mehr. Auch löste der Traum nicht Angst aus, sondern ein Gefühl, das mit seinem Ausspruch «Was soll ich denn noch, mein Leben ist eh' vorbei» recht gut korrespondiert. Die seelische Erstarrung, die in der Eiswüste ausgedrückt ist, entspricht einer ersten Phase der Trauer, in der wir von den übermächtigen Gefühlen des Verlustes so übermannt sind, daß wir überhaupt nichts fühlen, erstarrt sind (Vgl. Kast, Trauern). Diese Erstarrung nimmt beim Träumer einen sehr großen Raum ein – er empfand die Eiswüste als riesig –, was auch damit zusammenhängen dürfte, daß zum Schmerz um den Verlust des Freundes hinzu ihn auch starke Schuldgefühle plagten: Er sah sich schuldig am Unfall.

Auch fühlt er sich einsam, keine Hilfe ist sichtbar, aber immerhin endet der Traum damit, daß die Phantasie einer Hilfsmöglichkeit auftaucht, gedacht wird. Ein Hoffnungsschimmer scheint angesichts dieser hoffnungslosen Situation doch aufzubrechen, wenn auch, wie der Träumer zunächst meinte, es geradezu ein «blödsinnig guter Zufall» wäre, wenn ausgerechnet da ein Eisbrecher durchkommen würde. Dann hätte er wirklich das Gefühl, ein Recht darauf zu haben, weiterzuleben. – Dennoch weckt dieses Bild die Hoffnung, daß auch in diese Erstarrung helfende Menschen einbrechen können – aber auch einbrechen müssen, um ihn zu erreichen –, daß dann sogar so etwas wie Frühlingsstimmung in seinem Leben wieder aufbrechen könnte.

Als erste Eisbrecherin entpuppte sich die kleine Tochter des Träumers: Sie war so traurig, als sie ihren Vater das erste Mal so ernst und unbeweglich sah – so unbeweglich wegen seiner verschiedenen Knochenbrüche –, daß sie laut weinte und nicht zu trösten war. Und mit ihrem Weinen brachte sie auch den Vater zum Weinen. Aber das war nur der Anfang eines sehr langen Weges.

Wüste im Alltag

Der Zusammenhang zwischen der «richtigen»
Wüste und dem Alltag in der Betonwüste mit der
dann verbundenen Hektik wird von den Träumen
recht oft hergestellt. Eine 35jährige Frau träumt
folgendes:

*Ich hetzte durch die Straßen, weiß nicht mehr,
welches Auto ich mitgenommen habe, aber auch
nicht, wo ich es abgestellt habe. Möglicherweise
ist es mir gestohlen worden. Ich gerate in sehr großen Druck, denn ich will noch ein geschäftliches
Gespräch führen, meine Kinder werden auch
gleich aus der Schule kommen, Essen sollte ge-
kocht werden. Während alles, was ich machen
müßte, auf mich einstürmt, gehe ich schnellen
Schrittes um die Häuserblocks herum, fluche
über die Architekten, die es nicht einmal mehr fer-
tig bringen, daß Straßen verschiedene Gesichter
haben.*

*Da eilt mir mein Jüngster entgegen, hüpft auf dem
Gehsteig und ruft von weitem: «Mami, warum gehen wir nie in die richtige Wüste?» Ich sehe die
Wüste vor mir, die Ruhe, und sage ihm, das sei
eine sehr gute Idee.*

Die Träumerin erwähnte, daß der Traum sich in einer ungeheuren Hektik aufgeschaukelt hätte, einer Hektik, die für sie sehr alltäglich sei. Es könne durchaus geschehen, daß sie nicht mehr wisse, mit welchem Auto sie in die Stadt gefahren sei und wo sie es gelassen habe. Das komme schon daher, daß sie oft einige Sachen gleichzeitig machen wolle, zusätzlich noch Überlegungen anstelle, wie sie Arbeiten bewältigen wolle, die für die nähere Zukunft anstehen. Dazu habe sie noch ständig ein schlechtes Gewissen; sie wolle doch eine gute Geschäftsfrau, ihrem Mann wirklich eine gute Partnerin sein – auch in Geschäftsdingen. Ihr Mann und sie haben beide denselben Beruf und haben miteinander ein Geschäft aufgebaut. Sie will aber auch noch eine gute Mutter sein. Zusammen mit ihrer fatalen Neigung, alles immer perfekt machen zu wollen, überfordere sie sich; zudem habe sie auch nicht die Fähigkeit, sich zwischen Wichtigem und Unwichtigem zu entscheiden, und das kreiere diese ungeheure Hektik, unter der sie sehr leide. Wie im Traum sei sie dann leicht bereit, der Umwelt die Schuld zuzuschieben, wie eben den Architekten, die den Häusern keine Gesichter geben können usw.

Dieser Traum nimmt Alltagserleben auf, zeigt der Träumerin aber auch – wenn wir den Gebrauchsgegenstand Auto auch in seiner Symbolik sehen wollen –, daß ihr mit zunehmender Hektik ihre Möglichkeit zur Autonomie abhanden kommt; dazu passen die Häuser, die keine Gesichter mehr haben, die von einer Phantasielosigkeit zeugen, sei es im Bauen, oder sei es im Hinsehen. Die Architekten in ihr haben lauter gleiche Häuser hingestellt, sie haben keine Zeit, sich schöpferische Einfälle zu leisten und diese auch auszuführen. Vielleicht hätten diese Häuser sogar verschiedene Gesichter; wenn aber das Traum-Ich keine Zeit hat, sie wirklich anzusehen, dann sehen sie natürlich alle gleich aus.

Die Träumerin fühlt sich in dieser Hektik überhaupt nicht wohl, sie verliert zunehmend sich selbst, während sie ihr Auto sucht und nicht findet. Ihr jüngster Sohn weiß im Traum die Lösung: Die Träumerin soll in die richtige Wüste gehen. Mit dem Ausdruck der richtigen Wüste suggeriert er aber auch, daß die Träumerin sich in einer falschen Wüste befindet. Und mit dem Erwähnen der «richtigen Wüste» wird die Träumerin ruhig. Gefühlsmäßig, sagte die Träumerin, sei dieser Umschwung im Traum beeindruckend gewesen: von einer unerträglichen Hektik zu einer ganz großen Stille. Sie habe das Gefühl gehabt, richtig Zeit zu haben, sich ausbreiten zu können in der Zeit, in der Muße.

Ihr jünster Sohn ist elf Jahre alt und von einer großen Abenteuerlust gepackt. Er spricht ab und zu von der Wüste, aber nur von den Gefahren, denen er dort begegnen und die er bestehen will. Ihm ginge es nicht um Stille, Einsamkeit, ihm ginge es um «Action», aber in einer anderen, für ihn aufregenden Umgebung. Bei der Mutter kommt die Frage des Kindes ganz anders an, in ihr breitet sich das Gefühl von Ruhe, von Zeithaben, von Sich-Zeitlassenkönnen aus, für sie ist es weniger eine Frage als ein Hinweis auf einen erholsamen Lebensbereich.

Sie kennt die Wüste nur aus Filmen, verbindet mit ihr aber das Gefühl der grenzenlosen Ruhe, die durch keine Ablenkung, aber auch durch keine Pflichten gestört wird. Für sie heißt Wüste: einfach sein, sich besinnen könne, keine Termine haben. Sie stellt sich vor, daß sie an keinem Ort so sehr vom Alltag Distanz nehmen könnte wie in der Wüste, vor allem, weil es ja auch kein Telefon und keine Post gäbe.

Sagt der Traum der Träumerin, daß sie in die Wüste gehen muß? Weiß nicht ihr Sohn in ihr einfach zunächst einmal, daß Leben auch andere Dimensionen haben kann, daß sie sich vielleicht sogar auf ein anderes Abenteuer einlassen könnte, als auf ihr alltägliches Hetzabenteuer?

Aber um diese Ruhe, dieses Sich-Konzentrieren auf sich selbst zu erleben, muß sie nicht in die Wü-

72

ste reisen, wenn auch die Wüste als Anreiz von außen diese innere Haltung sicher fördert. Wesentlich ist, daß die Träumerin spürt, daß sie dieses Bedürfnis nach Ruhe, Einsamkeit und Selbstbesinnung hat, sie kann «Wüstentage» einrichten, Tage, an denen sie sich von all dem, was sie normalerweise beschäftigt und treibt, lossagt, sich auf sich selbst konzentriert, spürt, was sie selber will. Es ist dies eine Sehnsucht: Als die Träumerin einen solchen Wüstentag zu machen versuchte, fand sie es sehr schwierig, die Konfrontation mit sich selbst einen Tag lang auszuhalten. Die Ruhe war ihr bald zuviel. Dennoch erlebte sie etwas, was Menschen auch in der Wüste erleben: So ein Wüstentag ist kein gewöhnlicher Tag, neue Erfahrungen können aufbrechen, die nicht immer nur angenehm sind. Auch dann, wenn man vermeintlich die Gefahren der Wüste ausgeschlossen hat, indem man sich «Wüstentage» zu Hause gönnt, sind die Gefahren nicht ganz gebannt. Sind einmal die äußeren Ablenkungen nicht mehr vorhanden, dann können wir uns nicht nur entspannen, wir erfahren auch Seiten an uns, die uns erschrecken können.

Für die Träumerin ging die Wirkung dieses Traumes aber noch weiter. Sie entdeckte in sich die Sehnsucht nach einer unbekannten Landschaft, in der sie ganz andere Züge an sich entdecken könnte als im Alltag, in ihr erwachte die Sehnsucht nach einem großen Raum, einem unbekannten Raum, wo sie Unbekanntes an sich entdecken könnte, vielleicht sogar mit etwas ganz Wesentlichem des Lebens in Kontakt kommen könnte; es dürfte durchaus auch mit Abenteuer verbunden sein. Diese Sehnsucht relativierte den Sinn der täglichen Hetze und den durch sie erzielten Erfolg.

So führte auch bei dieser Träumerin die kurze Erwähnung der Wüste, die den atmosphärischen Umschwung im Traum gebracht hatte, den sie auch in den Alltag herüberretten konnte, zu einer Frage an ihre Werte, die sie sich in ihrem Leben gesetzt hatte und zur Relativierung dieser Werte; gleichzeitig aber eröffnete diese Traumszene auch eine Sehnsucht danach, größere psychische Räume zu bewohnen – mehr Möglichkeiten der eigenen Persönlichkeit zu erproben.

Bedrohung durch Tiere

Die Wüste als Ort, wo Gefahren, die einem drohen, sich zeigen können, ist in folgendem Traum eines 19jährigen Mannes ausgedrückt:

Ich bin in der Wüste, niemand ist da. Ich habe große Angst. Ich fürchte mich vor wilden Tieren, dabei denke ich an Löwen. Ich überlege mir, wie ich wirkungsvoll mit Löwen umgehen könnte. Ich habe keine Waffen. Plötzlich kommen viele Schlangen auf mich zu. Mich packt eine riesige Angst. Ich rufe meine Mutter und erwache, als ich mich rufen höre.

Zur Wüste fallen diesem Träumer Filme ein, die in der Wüste gedreht worden sind, und in denen die Schauspieler mit verschiedenen Tieren zu kämpfen hatten. In der Wüste könne man sich nicht verstecken, da müsse man sich den wilden Tieren stellen. Er selber habe nicht das Bedürfnis, in die Wüste zu gehen, da wäre er zu allein, die Kollegen würden ihm fehlen, auch stelle er es sich schwierig vor, sich Getränke und Nahrung zu verschaffen, fiel dem Träumer weiter zur Wüste ein.

Der Träumer möchte nicht in die Wüste gehen, er mag weder die Einsamkeit noch traut er sich zu, sich selbst zu versorgen. Er scheint zu spüren, daß die Wüste ein Ort ist, wo die Mutter Natur sehr spärlich ihre Gaben verteilt, wenn überhaupt – auf diese Situation, in der das Ich eines Menschen sich kämpfend mit dem Leben auseinandersetzen muß, nicht bloß empfangend, in der das Ich das Letzte an Gestaltungskraft und Lebenswille hergeben muß, möchte er sich nicht einlassen.

Dennoch zeigt der Traum ihn in der Wüste – zudem im Kampf mit wilden Tieren. Auch wenn er sich die Situation nicht suchen würde: Symbolisch gesehen, ist er in dieser Lebenssituation. – Es gibt Situationen in seinem Leben, in denen er einsam ist, in denen kein Mensch ihm helfen kann oder hilft, auch wenn er mitten unter seinen Kollegen ist. Diese Situationen erlebt er als «Wüstensituationen», als Situationen, in denen er bedroht, in denen er auf sich gestellt ist.

Er fürchtet sich vor wilden Tieren, die ihn anfallen könnten und denkt dabei zunächst an Löwen. Tiere im Traum verkörpern tierhafte Seiten in uns, die je nach dem Maße, in dem sie zähmbar sind und gezähmt im Traum erscheinen, durch unser Bewußtsein und unseren Willen kontrolliert werden. Löwen bändigen zu können ist nicht jedermanns Sache; der Löwe im Traum meint unsere löwenhafte Seite, die Wildkatze in uns, eine unbändige Form von Energie, die aber nur bei Bedarf eingesetzt wird. Der Löwe, als der König der Tiere der Erde, gilt als ein mächtiges Tier, das Macht verkörpert, aber auch Macht erheischt.

Der Träumer selbst sieht im Löwen nur den angriffslustigen Aspekt: Für ihn sind Löwen Tiere, die jedermann anfallen und zerfleischen. Im Symbol des Löwen begegnet ihm also eine destruktive, zerfleischende Seite, die einen anfällt, bevor man überhaupt zur Besinnung kommt. Dieses im Traum befürchtete Verhalten stimmt nicht mit dem Verhalten des Löwen überein, aber der Träumer sieht den Löwen in seiner Angst so. Bedenkt man, daß in der ägyptischen Mythologie die Muttergöttin unter anderem als Löwin oder mit einem Löwenkopf dargestellt wird, als Ausdruck für ihren reißenden, zielgerichtet vernichtenden Aspekt, und diese Löwengöttin in der Wüste angesiedelt ist, als Sinnbild der alles versengenden Sonne, dann könnte daraus geschlossen werden, daß der Träumer nicht nur seine eigene löwenhafte Triebseite als äußerst bedrohlich erlebt, sondern daß er auch in einem Stadium ist, in dem sich der Mutterkomplex in einer ihn ängstigenden Weise bemerkbar macht: Er kann nicht mehr einfach damit rechnen, daß eine gütige Mutter ihn versorgt, was sich ja auch darin ausdrückt, daß er sich Sorgen darüber macht, woher er in der Wüste Getränke und Nahrung nehmen würde.

Während er aber an den Löwen denkt, dabei auch zugibt, daß er noch nicht mit Löwen umgehen kann, ist er plötzlich von vielen Schlangen umgeben; die Auseinandersetzung mit den Löwen ist noch nicht fällig.

Zu Schlangen assoziiert der Träumer zunächst ihren giftigen Biß, aber auch die Gefahr, von ihnen «erdrosselt» zu werden. Im Traum, meint er, wären es eher Riesenschlangen gewesen, die ihn bestimmt erdrückt hätten, die ihm die Luft abgeschnitten hätten. Auf meine Frage, welche Gefühle das bei ihm auslösen würde, nannte er «Enge, Beklemmung, Angst»; Wut über diese Einschränkung äußerte er keine.

Es fiel ihm dann auch ein, daß man von Frauen sage, sie seien Schlangen. Damit sei gemeint, daß sie einen verführen würden, so wie Eva Adam verführt hätte. Schlangen können noch in sehr vielen Bedeutungen über die hier erwähnten hinaus gesehen werden (Vgl. Sauer, Traumbild Schlange). Der Träumer hat hier die Hauptbedeutung der Schlange für ihn in seiner jetzigen Lebenssituation herausgestellt: den Aspekt der sexuellen Versuchung, die an ihn herantritt und die ihn auch erdrücken könnte, die ihm die Luft zum Atmen nehmen könnte, dann nämlich, wenn er es nicht lernt, mit diesen Schlangen umzugehen.

Noch flößen sie ihm eine riesige Angst ein, und

daß der Traum das Geschehen in der Wüste ansie-
delt, zeigt auch, daß er sich durch die sexuelle Versuchung von den anderen Menschen ausgeschlossen fühlt, obwohl es doch die menschlichste aller
Versuchungen ist. Das ist sehr typisch: Viele junge
Menschen haben das Gefühl, nur sie hätten diese
Versuchungen, nur sie spürten diese Triebe.
In seiner Angst ruft der Träumer nach der Mutter.
Ob das nun allerdings eine zweckmäßige Methode
ist, um mit diesem Versuchungsproblem umzugehen, bezweifle ich. Es dürfte wohl gerade diese
starke Mutterbindung sein, die es ihm so schwer
macht, die sexuelle Verführung zu akzeptieren
und dadurch auch die Beziehung zur Mutter etwas zu lockern, so daß neue Beziehungen möglich
werden. – Der Traum zeigt, wie ausgegrenzt der
Träumer sich mit seiner sexuellen Problematik
vorkommt, wie sehr er aber auch diese ihn sehr
ängstigende Problematik ausgrenzt, an einem von
seinem Wohnort weit entfernten Ort abspielen
läßt.
Im Bild der Wüste, verbunden mit den Assoziationen des Träumers, wird deutlich, wie bedroht er
sich von dieser Problematik fühlt, daß es also sehr
wesentlich ist, daß er sich dieser Problematik
stellt. Noch ist er aber nicht bereit oder fähig, die
Wüste zu wagen, die mütterliche Fürsorge und
den mütterlichen Schutz zu entbehren.

Der Traum zeigt aber nicht nur die aktuelle Situation, die sehr viel Angst auslöst, er legt auch nahe, daß der Träumer erwachen sollte. Er soll gerade dann wach werden, sich darüber bewußt werden, was er tut, wenn er die Mutter ruft, wenn er, statt autonom zu werden, sich von der Mutter trösten lassen will, der Mutter wieder aufträgt, ihn zu schützen.

Der Träumer war – nach seiner Aussage – immer ein ängstliches Kind gewesen. Er suchte die Therapie auf, weil er unter verschiedenen Ängsten litt. Im Vordergrund stand aber weniger die Angst, als eine Haltung der Hilflosigkeit und der Passivität, die er bereits – durch Berufung auf seine Angst – perfektioniert hatte, dadurch daß es ihm immer gelang, viele Menschen zu Hilfeleistungen herauszufordern. Allen voran natürlich seine Mutter, die ihm dadurch die Angst ersparen wollte, in Wirklichkeit jedoch mit ihrer überfürsorglichen Haltung über die dazu notwendige Zeit hinaus ihn so unselbständig werden ließ, daß jede Konfrontation mit der Welt, der er sich nicht gewachsen fühlte, seine Angst verstärkte.

Der vorliegende Traum wurde geträumt, nachdem ein Mädchen ihm zu verstehen gegeben hat, daß sie ihn sehr sympathisch finde. Einerseits war er hocherfreut, auch ein wenig stolz darauf, daß gerade dieses Mädchen ihn mochte, andererseits erfüllte ihn Panik: Er spürte, daß ihm niemand in der Begegnung mit dem Mädchen helfen konnte, daß er nun einmal ganz allein für sich einstehen müsse. Auch das ist natürlich eine Komponente, die im Bild der Wüste mitausgedrückt sein kann.

Die abschiedliche und zugleich bezogene Existenz

Daß es Wüsten auf dieser Welt gibt, die eine ihnen angemessene Lebensform fordern, bewirkt, daß einige unserer Werte zumindest in Frage gestellt oder relativiert werden.

Dazu der Traum eines 38jährigen Mannes, der dabei ist, sich sein Haus zu bauen. Für ihn ist dieses Haus die Stätte, in der er den Rest seines Lebens verbringen will. Der Ort seines möglichen Rückzugs von der Welt, ein Ort der Geborgenheit. Dementsprechend ist ihm dieser Hausbau auch sehr wichtig, erfüllt ihn ganz und gar und bestimmt weitgehend sein Leben. In dieser Zeit träumt er:

Ich bin in der Wüste, auf einem Kamel. Mit mir sind einige Beduinen. Die Karawane geht sehr gemächlich vorwärts. Immer wieder treffen wir Menschen, mit denen wir Waren austauschen, an Orten, wo eigentlich gar keine Zelte zu sehen sind. Wir lagern. Sehr primitiv und vorläufig. Ich beschwere mich darüber, sage, es könnte doch ein Sandsturm kommen, dann wären wir ungeschützt. Ein älterer Beduine sagt zu mir: «In der Wüste baut man keine Häuser, man geht immer weiter.»

Dieser Traum löste im Träumer zugleich ein Gefühl der Fremdheit und der «Stimmigkeit» aus: Fremd war ihm, daß er da in der Wüste Teil einer Karawane war, nicht richtig wußte, was seine Aufgabe dabei war, und er doch eine Aufgabe haben mußte. Stimmig empfand er diese Lebensform des immer wieder Weiterziehens.

Aber was sollte dieser Traum, jetzt, wo er sich doch gerade entschlossen hatte, so sehr seßhaft zu werden, was für ihn auch bedeutete, sich einmal für einen bestimmten Lebensstil zu entscheiden und als Zeichen dafür das Haus zu bauen?

Der Träumer hatte einmal eine Reise durch die Wüste gemacht, und dabei hatten ihn vor allem die Beduinen fasziniert. Sie seien ihm als die freiesten Menschen erschienen, die es überhaupt gebe. Für ihn sei beeindruckend gewesen, wie sie ihre Zelte genommen, sie auf einen Strauch gehängt hätten, weitergezogen seien, einfach der Nahrung nach, eigentlich ihren Ziegen nach. Er habe dann allerdings auch gesehen, daß diese Freiheit damit erkauft war, daß sie nur das Lebensnotwendigste zum Leben hatten. Für ein paar Tage habe er die Wüste sehr genossen, aber er möchte nicht für lange Zeit da sein, ihn interessiere mehr die Stadt, das kulturelle Leben. Ihn habe in der Wüste, wie hier auch im Traum, interessiert, wie denn die wenigen Menschen miteinander Beziehungen pflegen könnten, und er habe entdeckt, daß Beduinen oft, um mit jemandem zu sprechen, lange Wege zurücklegten. Sie hätten ja auch viel mehr Zeit, und jedes Gespräch werde kostbar durch die Anstrengung, die man auf sich nehme, um es zu führen.

Für den Träumer ist nicht so sehr die Wüste im Vordergrund, als vielemehr die Wüstenbewohner. Er ist denn ja auch im Traum von Beduinen begleitet, und wenn wir wiederum die Beduinen auch als Persönlichkeitsaspekte des Träumers sehen wollen, dann wird deutlich, daß in seiner Seele der Beduine und das «Beduinische» einen wichtigen Platz hat, der Mensch, der die Lebensform des Nomaden gewählt hat, an einem Ort bleibt, solange es Futter gibt für seine Tiere, und dann wieder weitergeht. Der Nomade, der aber auch sichtlich in einem Netz von Beziehungen leben muß, weil er sonst gar nicht überleben könnte, in einem Netz von Beziehungen, das für uns Europäer so schwer zu durchschauen ist.

Der Traum betont dann auch, daß Waren getauscht werden, wo gar keine Zelte sind: Der fast beiläufige Austausch zwischen Menschen, auch dort, wo man ihn nicht unbedingt erwarten würde, wird vom Traum erwähnt. Und beiläufig sagt der Traum, daß «austauschen» unter Menschen offenbar ein wichtiger Aspekt dieser Wüstenreise ist: auf dieser Reise gibt jeder dem andern, was er zu geben hat – und geht weiter. So können alle überleben, kommen aber auch in den Besitz von vielem, was zum Leben notwendig ist. Dieser Austausch, bei dem jeder vom andern bekommt, was er braucht, kann in einer befriedigenden Weise nur stattfinden, wenn ein Mensch immer unterwegs ist.

Das Nomadische im Träumer wird in diesem Traum angesprochen, und als Nomaden leben Menschen, wenn nicht genug Wasser da ist, um Land wirklich zu kultivieren, wirklich konstant zu bebauen, wenn es die Umwelt letztlich nicht zuläßt, daß ein Mensch seßhaft ist. Die Nomaden folgen dem Wachstum der Natur, nehmen, was die Natur gibt, und akzeptieren damit das Gesetz des Werdens und Vergehens. Wenn etwas vergangen ist, dann nehmen sie Abschied, ziehen weiter, kommen aber auch immer wieder an dieselben Orte zurück. Die nomadische Lebensform ist eine Lebensform, die der Vergänglichkeit voll Rechnung trägt und sich selbst in diesen Rhythmus von Vergänglichkeit und neuem Werden einschwingt. Im Nomaden ist aber auch das Bild des immer Weitergehen-Müssens ausgedrückt, ein Bild, das zu unserem Leben, das den Tod und die Zeit kennt, paßt: Wir können nie eigentlich stehenbleiben. Dazu paßt, daß das Lager, die Bleibe im Traum, primitiv und vorläufig ist – ganz im Gegensatz zum Haus, das der Träumer sich baut. Und diese Lagerstätten geben auch wenig Schutz. Der Träumer möchte denn auch geschützter sein; der alte Beduine aber sagt ihm, daß es keinen wirksamen Schutz in der Wüste gibt: Man baut in der Wüste keine Häuser. Der wirksamste Schutz scheint darin zu bestehen, daß man immer weiter zieht, also immer wieder Abschied nimmt von dem, was man hat, sich immer wieder auf neue Orte, an denen man sich niederläßt, wo man bleibt, auf neue Menschen einläßt.

Für den Träumer ist in seiner Lebenssituation wohl wichtig, daß er nicht meint, mit seinem Hause nun einen endgültigen «Schutz» gefunden zu haben. Er setzt sich offenbar mit seinen Ideen um seinen Hausbau herum zu sehr «fest», der Traum will ihm nahebringen, daß auch er in seinem Leben ein Wüstenbewohner ist, er an einem Ort siedelt, wo er sich nur auf Zeit niederlassen kann, daß auch das festeste Haus ihn nicht davor bewahren wird, weiterziehen zu müssen, neue Beziehungen aufbauen zu müssen, zu akzeptieren, daß das Leben «abschiedlich» und zugleich bezogen gelebt werden muß. Es darf für ihn nicht nur das «Haus» geben, als der Ort des Rückzugs, auch als ein Ort, wo er sich ein Gefühl des Daheimseins, des Beheimatetseins gestaltet, er muß auch immer wieder «hinaus» gehen, sich der Welt stellen, akzeptieren, daß er auch heimatlos bleibt.

Natürlich fragte sich der Träumer, ob seine Idee, ein Haus zu bauen, vielleicht falsch gewesen sei. Ob er mehr, als er geahnt habe, in seiner Seele Nomade sei, der Mühe habe, sich niederzulassen, ob er vielleicht doch mehr ein Wüstenbewohner sei, als er es sich gedacht habe.

Eine solche Deutung kann natürlich in Erwägung gezogen werden, mir scheint aber eher, der Traum relativiert seine Euphorie, seine Einstellung dem Hausbau gegenüber und regt an, eine weitere Dimension mitzubedenken: So sehr es auch wichtig ist, daß wir in dieser Welt uns einen Platz nehmen, diesen Platz auch ausfüllen, ihn gestalten, so wesentlich ist es auch zu sehen, daß unser Dasein ein vergängliches, ein sich veränderndes ist, daß wir uns auf Veränderungen einzustellen haben. Und gerade diese beiden Grunderfahrungen machen Menschenleben aus und reich: zu spüren, daß wir trotz der Vergänglichkeit auch etwas gestalten können.

Die Wüste aber lehrt uns die Vergänglichkeit, die abschiedliche Existenz, und kann in uns den Wunsch wachsen lassen, auch etwas zu gestalten.

Abschließende
Bemerkungen

Es mag an diesen wenigen Traumbeispielen deutlich geworden sein, wie, je nach der Situation, in der der Träumer sich befindet, jeweils andere Bedeutungen des Symbols Wüste im Vordergrund stehen und das Verstehen des Traumes bestimmen, daß aber trotzdem die grundlegenden Bedeutungen des Symbols immer mitschwingen.

In allen Träumen zeigt es sich, daß mit diesem Raum «Wüste» im Traum ein neuer Lebens-Raum, ein neuer psychischer Raum betreten wird, der neue Aspekte der Persönlichkeit aufleuchten läßt, in neue Lebenssituationen hinüberführt, aber auch neue Bewältigungsstrategien erfordert. Damit hängt zusammen, daß Wüstenträume oft zu Beginn einer Therapie geträumt werden, einem Lebensabschnitt, in dem man auch bereit ist, sich auf die Unermeßlichkeit seines inneren Wesens einzulassen – auf den Reichtum, auf die Gefahr. Es ist ein Raum der Unermeßlichkeit, der Grenzenlosigkeit, der sich auftut, der gleichzeitig die Konzentration auf sich selbst fordert, auf die mögliche Auseinandersetzung mit diesem doch auch bedrohlich Grenzenlosen, der andererseits aber die Möglichkeit des Menschen, expansiv sein und sich erleben zu können, anspricht. Das Erlebnis der Grenzenlosigkeit stellt auch die Frage nach der Geborgenheit, allenfalls auch nach der Geborgenheit im Grenzenlosen.

Durch das Erlebnis dieses neuen Raumes, der auch dem Raum des Unermeßlichen in einem selbst entspricht, findet eine Auseinandersetzung mit den alten Werten statt, die man mit sich gebracht hat – sie werden relativiert.

Selbstverständlich gibt es noch viele verschiedene Wüsten mehr, die ich hier nicht alle berücksichtigen konnte – weil zu ihnen nicht geträumt wurde – und die auch noch andere als die hier gefundenen Assoziationen wecken mögen; aber diese hier geschilderten Grunderfahrungen an Wüstenhaftem werden auch bei den Bedeutungen anderer Wüsten mitschwingen, bedenken wir etwa, wie sogar der Ausdruck des Verwüsteten die Assoziationen an die Wüste wecken konnte: Das Bedrohtsein vom Nichts und die Sehnsucht nach neuem Leben und die Möglichkeit, neues Leben zu gestalten.

Natürlich werden in diesem neuen Raum auch alle Probleme sichtbar, die anstehen, mit denen umgegangen werden muß. Wie jeweils damit umgegangen wird, ist verschieden, hängt mit dem Wesen und der jeweiligen Lebenssituation des Träumers oder der Träumerin zusammen. So muß beispiels-

weise der eine, der zu sehr an seinem «Haus» fest-
hält, als Nomade durch die Wüste ziehen; während der andere, der alles, was er in seinem Leben
gebaut hat, zu schnell verloren gibt, seine Wüsten-
stadt gerade vor dem Sand und dem Wind der
Wüste zu schützen hat. Da muß die eine Träumerin ganz dringend aus der Wüste herausfinden,
eine Oase bewohnen, der andere Träumer muß dagegen in der Wüste heimisch werden.

Wie der Umgang mit der Wüste und mit dem, was
in ihr aufbricht, aussehen soll, das sagen die
Träume jeweils in ihrem Verlauf: Auch da weisen
Träume den Weg.

Literatur

Chevalier, J.: Dictionnaire des symboles. Laffont 1969

Cooper, J.C.: An illustrated encyclopaedia of traditional symbols. Thames and Hudson, London 1978

Herder-Lexikon: Symbole. Freiburg 1978/79

Kast, V.: Trauern. Phasen und Chancen des psychischen Prozesses. Kreuz, Stuttgart 1982, ⁶1985

– Wege aus Angst und Symbiose. Walter, Olten 1982, ⁷1985

– Wege zur Autonomie. Walter, Olten ²1985

Lurker, M.: Wörterbuch der Symbolik. Kröner, Stuttgart 1979

Sauer, G.: Traumbild Schlange (Träume als Wegweiser). Walter, Olten 1986

Die Autorin

Zur Autorin: *Verena Kast, Jahrgang 1943, Studium der Psychologie, Philosophie und Literatur. Promotion zum Dr. phil., Professorin für Psychologie an der Universität Zürich, Dozentin und Lehranalytikerin am C.G.-Jung-Institut und Psychotherapeutin in eigener Praxis, 1. Vizepräsidentin der Internationalen Gesellschaft für Analytische Psychologie sowie Vorsitzende der Internationalen Gesellschaft für Tiefenpsychologie. Zahlreiche Veröffentlichungen; davon im Walter-Verlag folgende psychologische Märchendeutungen (Märchen sind mit dem Traum eng verwandt):*

Wege aus Angst und Symbiose. (*Von dem Burschen, der sich vor nichts fürchtet – Gänsemagd – Graumantel – Die Nixe im Teich – Die Reise in die Unterwelt – Rothaarig-Grünäugig – Die Tochter des Zitronenbaums – Jorinde und Joringel*)

Mann und Frau im Märchen (*Von dem Fischer und syner Fru – Der Teufel als Lehrer – Die drei Schlangenblätter – Das singende springende Löweneckerchen – Der Pfiffigste*)

Familienkonflikte im Märchen *(Allerleirauh – Vom Kalberlkönig – Das Erdkühlein – Das Mädchen mit den goldenen Zöpfen – Der Eisenhans)*

Wege zur Autonomie *(Zottelhaube – Die Blume des Glücks – Der Eisen-Ofen – Die weißen Katzerl – Vom goldenen Vogel)*

Märchen als Therapie *(Rotkäppchen – Das tapfere Schneiderlein – Die Schneekönigin – Der Liebste Roland – Das weiße Hemd, das schwere Schwert und der goldene Ring – Die unglückliche Prinzessin)*

Liebe im Märchen *(Ein Mädchen verliert seinen Schuh und schlüpft aus der Schweinehaut – Ein Eselein verliert seine Tierhaut – Ein geheimnisvoller Fremder erscheint durch die Wand – Ein Harfenspieler bezaubert den Sultan – Eine Frau tötet eine Hexe) Fünf Märcheninterpretationen um Liebe und Beziehung*

Verena Kast

Märchen psychologisch gedeutet

Wege aus Angst und Symbiose
1982, 9. Auflage 1991

Mann und Frau im Märchen
1983, 7. Auflage 1988

Familienkonflikte im Märchen
1984, 3. Auflage 1986

Wege zur Autonomie
1985, 4. Auflage 1989

Alle vier Bände enthalten Vorträge, die an den Lindauer Psychotherapiewochen von 1980 bis 1984 gehalten worden sind. Ihre Veröffentlichung bezeugt, daß die Verfasserin sich damit nicht nur an Fachspezialisten gewandt hat, sondern so lebensnah, allgemeinverständlich, abseits jeden Fachjargons zu schreiben versteht, daß ihre Ausführungen für ein sehr weit gestreutes Publikum lesbar und was noch wichtiger ist: *hilfreich* sind. Die Märchendeutung von V. Kast steht auf dem Boden der Schule von C. G. Jung. Märchen werden somit betrachtet «als symbolische Darstellungen von allgemeinmenschlichen Problemen und von möglichen Lösungen dieser Probleme». Die damit sich ergebenden Situationen von Gefahren, Umwegen, von Scheitern, Angst und Not im Märchen sind übersetzt «Gefahren, die uns auf unseren Entwicklungswegen genauso drohen wie dem Helden im Märchen. Wir betrachten den Helden gleichsam als Modellfigur, der durch sein Verhalten eine Problemsituation aushält und den Weg beschreitet, der nötig ist, um das Problem zu lösen»...

«Wege aus Angst und Symbiose» (Lindau 1980 und 1981) greift zunächst Märchen auf unter dem Thema «Angst»: es geht da z. B. um ein Mädchen, das – um genug Selbständigkeit für eine Ehebeziehung zu erwerben – einen langen, gefährlichen Weg von der Mutter weg in ein fremdes Land durchwandern muß.

«Symbiose» als Stichwort für den zweiten Teil der ausgewählten Märchen wird verstanden als ein Zustand, in dem sich ein Mensch in völliger Geborgenheit aufgehoben und aller eigenen Entscheidung enthoben fühlt. Dafür zahlt er den Preis völliger Anpassung...

In *«Mann und Frau im Märchen»* (Lindau 1982) kommen für einmal nicht die Märchen zum Zuge, die mit Hochzeit und Glück enden, sondern die sich mit der Entwicklung einer ehelichen Beziehung befassen: da geht es um den Mann, der sich von der Frau beherrschen und treiben läßt und dabei heimlich von ihr profitiert. Oder umgekehrt um den Mann, der seine Frau so in Besitz nimmt, daß sie selber kein Leben entwickeln kann...

«*Familienkonflikte im Märchen*» (Lindau 1983) zeigt Probleme der Familiendynamik und der entsprechenden Konflikte auf: so z. B. das Inzest-Problem (bzw. das Vorherrschen des männlichen Anteils in der Psyche der Tochter), oder Probleme, die entstehen, wenn Eltern ein um jeden Preis gewünschtes, aber später schwieriges oder abnormales Kind dann ablehnen...

«*Wege zur Autonomie*» (Lindau 1984) stellt Märchen vor, bei denen es darum geht, daß Menschen selbständig statt abhängig, selbstverantwortlich statt von außen gelenkt, beziehungsfähig statt in Bindungen verstrickt werden. Autonom werden bedingt immer einen «Weg in die Fremde», weg von Vater, Mutter und gewohnter Umgebung...

Die Verfasserin versteht es ausgezeichnet, mit ihren Deutungen und eingestreuten Erfahrungen aus der psychotherapeutischen Praxis die anvisierten Probleme dem heutigen Leser nahe zu bringen, so daß ganz persönliche Aha-Erlebnisse nicht selten sein dürften...

(D. Hoch, Kirchenblatt für die reformierte Schweiz 19/1985)